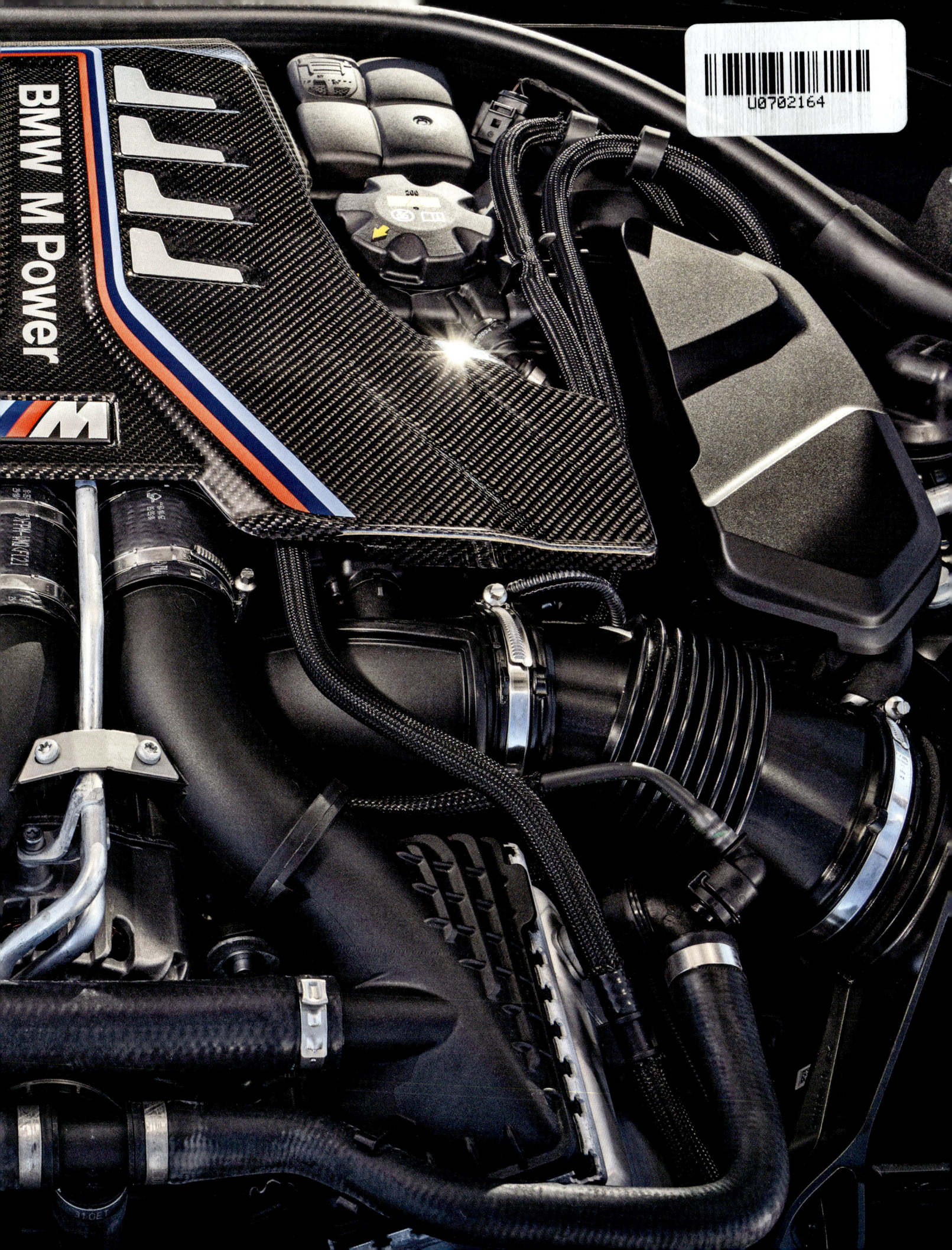

本书中包含了大量的宝马M系列量产车以及赛车的精美照片，同时辅以专业的评论和故事。宝马在1972年发布了旗下的汽车运动分部（也就是大名鼎鼎的"M"），从此开启了长达50多年的传奇故事。宝马M通过打造限量的高性能跑车M1，让宝马品牌在汽车运动领域一举成名。随后通过在"绿色地狱"纽伯格林赛道的不断淬炼，宝马M凭借着出色的操控性和动力表现成为当之无愧的驾驶者之车。如今，宝马M虽然可以称得上豪华舒适，但是其骨子里的运动血统仍然没有磨灭。从20世纪80年代末期开始，宝马M旗下的车型序列开始不断扩张，如今已经有包括双门轿跑车、敞篷车以及轿车形式在内的M2、M3、M4、M5和M8，甚至还有高性能的M SUV车系。早期的传奇车型，如M1、M3和M6目前在各类拍卖会上都是炙手可热的藏品，得到了收藏家和汽车爱好者的热烈追捧。如今，宝马M仍然在一路狂奔，没有丝毫减速的迹象。而这本书所讲述的有关M的历史，更是每一位宝马汽车爱好者和车迷不应错过的珍贵内容。

Original title: BMW M: 50 Years of the Ultimate Driving Machines
© 2021 Quarto Publishing Group USA Inc.
Text © 2021 Tony Lewin
First Published in 2021 by Motorbooks, an imprint of The Quarto Group
Simplified Chinese Translation Copyright © 2025 China Machine Press. This edition is authorized for sale in the Chinese mainland (excluding Hong Kong SAR, Macao SAR and Taiwan).
All rights reserved.

此版本仅限在中国大陆地区（不包括香港、澳门特别行政区及台湾地区）销售。未经出版者书面许可，不得以任何方式抄袭、复制或节录本书中的任何部分。

北京市版权局著作权合同登记　图字：01-2023-2133号。

图书在版编目（CIP）数据

宝马M：终极驾驶机器 /（英）托尼·卢因（Tony Lewin）著；庞珅，李超译. --北京：机械工业出版社，2025. 5. --（我为车狂系列）. -- ISBN 978-7-111-78879-9

I. U469-64

中国国家版本馆 CIP 数据核字第 20253J1A56 号

机械工业出版社（北京市百万庄大街22号　邮政编码100037）
策划编辑：王兴宇　　　　　　　　　责任编辑：王兴宇
责任校对：孙明慧　李可意　景　飞　封面设计：马若濛
责任印制：刘　媛
北京利丰雅高长城印刷有限公司印刷
2025年9月第1版第1次印刷
228mm×280mm · 14印张 · 2插页 · 392千字
标准书号：ISBN 978-7-111-78879-9
定价：199.00元

电话服务　　　　　　　　　网络服务
客服电话：010-88361066　　机　工　官　网：www.cmpbook.com
　　　　　010-88379833　　机　工　官　博：weibo.com/cmp1952
　　　　　010-68326294　　金　书　网：www.golden-book.com
封底无防伪标均为盗版　　机工教育服务网：www.cmpedu.com

我为车狂系列

宝马M

终极驾驶机器

［英］托尼·卢因（Tony Lewin）著
庞珅 李超 译

机械工业出版社
CHINA MACHINE PRESS

目录

前言
约亨·尼尔帕奇（Jochen Neerpasch）
（宝马赛车运动有限公司创始 CEO）
6

1 全力去赢
宝马 M 部门的性能文化揭秘
8

2 宝马的血液中流淌着赛车运动
在一百年的成功历程中，涵盖了两轮和四轮赛车、F1、房车赛、勒芒——甚至是航空领域的辉煌成就
14

3 从赛道到公路
激烈的竞争孕育出为宝马客户打造的卓越车辆
30

4 M1: 优雅的灵感
成为偶像的宝马超级跑车以及它险些流产的故事
44

5 1980 年代: M3、M5、M6——第一代翘楚
第一代 M 轿车带来了非凡的性能
56

6 1990 年代: 迈向巅峰
6 缸 M3 和 V8 M5 将动态性能标准推向新的高度
70

7 2000 年代: 巅峰性能，无比复杂
更多气缸、更高转速、更强动力、更高速度——可能是史上最好的 M3
88

8 离开公路去远行: M 系列的 SUV 车型
起初备受争议，但高水准的 X5M 和 X6M 很快赢得了世界
112

9
2010 年代：初代涡轮增压车型——M 部门的大胆尝试
从狂野的 1M 到精致的 M5，再到狂暴飞驰的 M4 GTS
124

10
2020 年代：M2、M3、M4、M5——日臻完善的涡轮增压
以惊人的速度和极致的驾驶魅力重回巅峰
140

11
M6、M8：高端轿跑
奢华的生活方式与赛道的动感结合，是否是成功的秘诀？
160

12
M 引爆了 SUV 军备竞赛
对速度的渴望让 M 将重量级的四驱车型带入 600hp 俱乐部
170

13
降温之选：准 M 车型
M-performance 是迈向真正 M 系列的一个诱人过渡
184

14
塑造 M 故事：设计工作室内部揭密
如何令 M 车型从车海中脱颖而出？来自首席设计师马库斯·西林格工作室的秘密
194

15
今天、明天，迈向电动未来
首席执行官马库斯·弗拉什解释为何零排放 M 车型将带来更多激情体验
206

致谢
220

参考文献
221

索引
222

前言

约亨·尼尔帕奇（JOCHEN NEERPASCH）
（宝马赛车运动有限公司创始CEO）

20世纪70年代初，欧洲房车赛迎来了前所未有的繁荣。自1968年起，我一直在科隆负责福特的赛车运动，我们已将Capri打造成房车系列赛中非常成功的竞争者。

当时，宝马将其赛车运动业务委托给Alpina、Schnitzer、GS和Köpchen等独立的专业改装厂。这些团队自行开发宝马双门轿跑车，并将其投入房车系列赛。

然而，这些宝马轿跑车过于笨重。由于各团队独立开发，且他们之间存在内部竞争。这使得我们福特车队能够凭借Capri轻松赢得比赛和冠军。

1971年年底，鲍勃·卢茨（Bob Lutz）接任宝马慕尼黑总部的销售和市场总监，这个职位的职责还包括负责宝马赛车运动。作为一个深知赛车运动的成功能直接极大提升汽车品牌吸引力的人，卢茨看到宝马被Capri击败，肯定深感不快。

这促使他在1972年1月给我打电话，表示希望重组宝马在慕尼黑的赛车运动部门。他邀请我参与重组工作，并问我是否愿意在这个新部门担任领导角色。

根据我在福特赛车和高性能部门的经验，我立刻清楚地认识到：像宝马这样传统深厚、与动力和赛车运动形象紧密相连的品牌，应该建立自己的内部赛车运动部门。它应该做的不仅仅是制造赛车并参加比赛，还应该通过开发和销售源自赛车车型的高性能汽车来支持宝马客户的赛车活动。

这促成了我们在慕尼黑的一次会面，我们很快达成了协议。1972年5月，我正式就任宝马赛车运动有限公司的首任首席执行官。

在最初的几年里，公司明确的首要任务是在赛车运动中取得成功。我们制造了获得认证所需的1000辆轻量级宝马CSL轿跑车，并开发了一个竞赛版本，由我们的厂商车队以及改装厂和客户车队参加比赛。在我们的第一个赛季，我们的3.0CSL双门轿跑车成功夺得竞争激烈的欧洲房车锦标赛冠军，那个赛季我们在二级方程式赛事中也取得了成功，一辆March-宝马赛车赢得了欧洲锦标赛。

宝马赛车运动有限公司随后在许多其他赛车项目中都取得了成功，并不断寻求新的机会来扩大其影响力。其中让人立刻想到的有艺术车、青年队、M1及其Procar系列，以及北美的国际汽车运动协会（IMSA）系列赛。

"人与机器"的关系也是塑造宝马赛车运动的一个关键因素。在赛车运动中开发的技术很快在高性能和标准量产车中得到应用，而且我们的赛车手很早就开始以驾驶培训项目的形式与宝马客户分享他们的技能。

1973年尼尔帕奇（左）坐在CSL上与宝马车队赛车手在一起

尼尔帕奇（右）与宝马艺术车系列的灵感来源埃尔韦·普兰（Hervé Poulain，左），站在杰夫·昆斯（Jeff Koons）设计的富有戏剧性的M3 GT2前

1973年开启这一切的人——约亨·尼尔帕奇2020年与宝马青年队赛车手合影

早期，宝马赛车运动有限公司在推进主要赛车项目的同时，就已开始着手打造 M5 的前身，对少量汽车进行升级，并通过宝马经销商网络进行销售。第一款完全由赛车运动有限公司打造的汽车是 M1。它由赛车工程师设计和开发，是一款"合法上路的赛车"。在我看来，M1 为我们今天所熟知的非常成功的宝马 M 有限公司奠定了基础——尤其是因为赛车运动在当今宝马 M 系列汽车中仍然扮演着关键角色。

直到今天，宝马 M 有限公司仍在继续开发赛车并成功地将它们投入赛车运动赛事中。这种丰富的赛车运动经验使公司能够打造独特、无与伦比的公路汽车，例如 M5 这类在赛道上创造的单圈时间可以与赛车相媲美，但在返程时又能为驾驶者提供大型豪华轿车般舒适感的汽车。

要生产如此独特、非凡的汽车——远远超出单纯交通工具的意义——需要与赛车运动紧密联系，需要像宝马 M 有限公司这样的组织。

即使在当今这个环境意识日益增强、快速变化的时代，宝马 M 有限公司仍将继续推出保留着传奇宝马魅力的产品，提供给车主最珍贵的礼物——纯粹的驾驶乐趣。

我很高兴向宝马 M 有限公司致敬，它已拥有五十年的辉煌历史，至今仍打造着我所珍视的纯正宝马汽车。

尼尔帕奇（右）在2019年诺里斯林M1 Procar复兴赛中，与哈拉尔德·格罗斯（Harald Grohs）合影

尼尔帕奇在蓝色英雄艺术装置前接受采访，分享他在宝马度过的岁月

全力
去赢

宝马M部门的性能文化揭秘

1

过去与现在：正如20世纪80年代传奇的M3一样，宝马M部门继续为热爱驾驶的人们打造令人振奋的机器

▲▲ 积极参与顶级赛车运动一直是宝马高性能公路车成功的核心要素

▲ M是世界上最有力量的字母。谁能对此有异议呢?

常有人说，M是世界上最有力量的字母，宝马自己也这么认为。这听起来可能有点像麦迪逊大街上夸夸其谈的广告，但在这句话背后也有几分真理，特别是在汽车领域。

毕竟，就算你不是个狂热的车迷，字母 M 和数字 3 的组合就足以让你心生共鸣，甚至心跳加速。与之相比，除非你是个纯粹的车迷，或是一个对汽车如痴如醉的专业杂志编辑，不然谁能够在脑海中浮现出 RS4 的样子，更别提知道到它是一款奥迪的车型？再说了，如果不是 AMG 字样印在刘易斯·汉密尔顿那辆多次赢得冠军的奔驰 F1 赛车侧面，谁又会听说过 AMG 呢？至于 SVR 是什么，又有几个人知道呢？

可以说，以上这些豪华品牌的运动部门基本都是针对宝马及其 M 系列运动车型而设立的。宝马 M 的爆炸性增长也是整个汽车行业发展的一个缩影：在过去的四十年里，高端汽车市场的崛起势如破竹，很大程度上是因为宝马在 20 世纪 60 年代推出了平价、运动且高品质的汽车。宝马 M 传承了在其百年历史的前 25 年中建立起的运动基因，将宝马最初的品牌承诺提升到了一个更高的层次。

20 世纪六七十年代，宝马曾濒临破产，新车型的面世为公司提供了强大的转型动力。无可挑剔的设计、纯粹的驾驶乐趣、相对亲民的价格——这不仅与那些古板又自大的竞争对手形成了鲜明对比，还使其成为赛道车型的理想基础。最初，宝马的赛车车队由私人运营，在才华横溢的内部工程师的默契协助下，20 世纪 60 年代，宝马赛车多次赢得房车锦标赛的冠军。一个内部的赛事部门也因此成立，这就是宝马 M。这个部门于 1972 年 5 月成立，标志着宝马 M 故事的正式开始。

在这段故事里，主要的里程碑都是赛车运动界的传奇：20 世纪 70 年代，在赛道上横扫一切的 3.0 CSL；有着超强爆发力的 F1 发动机赢得了 1983 年世界一级方程式锦标赛；有着异国情调的 M1 是 M 系列最早的量产公路车型，初代 M3 正是一系列赛事冠军的公路版车型；以及 M3 所延伸出的一系列高性能公路车。

这款车，连同同样强大但更加沉稳的 M5 一起，为 M 这个汽车王国奠定了基础，在 50 年的时间里，该系列从两款车型扩展到十几款，销量从每年几百辆增长到四万多辆，如果算上不那么"赛车"的 M-Performance 车型，那就超过了 14 万辆。同时，该部门也从一小批赛车专家迅速扩大到近四位数的团队，包括工程师、设计师、程序员、市场专家和专业赛车人士。

但为什么 M 系列多年来一直如此成功呢？为什么它吸引了如此多的模仿者，从附近的斯图加特和因戈尔施塔特，到遥远的考文垂、名古屋、首尔，甚至是底特律？

▲ 勒芒赛场上的新旧胜者：1999年宝马的获胜赛车与1939年比赛中取得了惊人成绩（总排名第五）的紧凑型328并列展示

◀ 参与国家级赛车系列赛对宝马同样重要。图中，科林·托金顿（Colin Turkington）驾驶的330e领跑2020年英国房车锦标赛

最主要的原因是，宝马M生产出来的一系列令人惊叹的高性能跑车、轿车和SUV，虽然价格不低但都卖得很好，吸引了全球的狂热爱好者成为其忠实粉丝，并在每辆新车发售时都迫不及待地想付定金，来"订阅"这一传奇故事。

宝马M部门CEO马库斯·弗拉什（Markus Flasch，左）和宝马摩托车部门负责人马库斯·施拉姆（Markus Schramm）博士站在全新2021款M3和M4旁边，而他们之间是M部门的首款摩托车——拥有212hp（1hp=0.75kW）的M 1000 RR

至于汽车本身的原因——它们的确都是货真价实的高性能车，表现出色，驾驶体验令人兴奋。从20世纪80年代的M1和M3开始，M系列的量产车型就与其赛车建立了独特且紧密的关系。这种与赛车运动共赢的关系不仅让所有厂商都羡慕不已，同时也将赛道上的成功带上了公路。

赛车与公路车：独特的联系

在宝马M半个世纪的发展历程中，宝马赛车运动有限公司显然在最初就找到了当时汽车行业独一无二的发展方针，这一方针的正确性在每一代车型的成功中都得到了验证，也在每一代车型中得到了进一步的发展。

宝马在20世纪70年代就意识到了一个重要问题：那些挑剔的客户有一些尚未被满足的需求——既希望车辆有极致的性能，又不想它过于张扬，同时也不必再担心车辆改装后官方不再质保。这也是宝马的核心品牌定位——运动、时尚、高品质。尤其是，公司很快意识到，消费者愿意为可信赖的高品质产品支付高额溢价（有时甚至是原价的两倍），来获得这种前所未有的品质体验。宝马M的理念始终与该部门的赛车运动起源以及赛车运动中团队精神的独特性息息相关，这反过来又增强了目前宝马M团队中800名专业员工的团队精神。正如时任宝马M的首席执行官马库斯·弗拉什（Markus Flasch）所说："他们中的许多人本身就是赛车专家，许多人参加过赛道日活动。他们有自己的车，有自己的车库。我们拥有的是一只高素质的团队以及领先的企业文化。"

"在宝马M部门工作的人对自己的工作相当熟悉。"他继续说道："我们推出的每一辆公路车都是在北环上开发的——纽博格林和公开道路非常类似，这就是为什么我们的车在普通道路上和赛道上都表现出色。"

宝马 M 的高性能文化让自己的新车开发任务越发艰巨，特别是在竞争对手步步紧逼的情况下：经典的 M 车型（例如 E46 M3）曾经在高性能车型领域里独占鳌头，但如今有数款车型都能算得上是 G82 M4 的直接竞争对手，渴望成为标杆。和赛车一样，这是一场力争上游的竞赛，必须突破极限，将聪明才智和创造力发挥到极致。任何人但凡停下来喘口气，就会发现自己已经远远落后于对手。但宝马最大的挑战是它自己——宝马 M 的最基本的要求是每款新车的性能都必须超过上一款车型。

设计一款新车型来替代有着 630hp 的 M5，这是一件非常不容易的事。但性能可以用多种方式来定义，不一定只是马力数字。"工程师的智慧是无极限的，特别是宝马 M 的工程师，"马库斯·弗拉什说道："他们能应对任何技术挑战。新世纪初出现了类似的难题，宝马的产品经理想为 X5 和 X6 这样的 SUV 推出 M 车型。在外人看来，运动型 SUV 在逻辑上就不现实，对宝马 M 的工程师来说，如何能让一辆近两吨重有着优秀越野能力的 SUV 拥有一辆跑车的性能，是真正意义上的技术挑战。当 X5M 和 X6M 于 2009 年面世时，所有人都觉得'我们真的做到了'。"

在为短期和长远的未来做准备时，独特且创新的解决方案都显得尤为重要。不断升级的全球气候问题和不断收紧的排放政策使得内燃机的时代一去不复返，对于宝马来说，这威胁到了奠定每辆宝马 M 的技术根基，也削弱了该品牌的技术对用户、车评人和粉丝的吸引力。

然而，弗拉什和他的同事们并不惧怕向零排放的电气时代过渡。所有人都从容自信，他们相信宝马 M 的创新和不断进步的精神将帮助他们迎接零排放时代的到来。就算没有排放问题，自动驾驶也会威胁到我们热爱的驾驶体验，但宝马 M 能确保我们追求的驾驶乐趣永远不会成为过去式。

这是个不切实际的幻想吗？也许并非如此。正如接下来的章节所展示的那样，宝马 M 的工程师们和整个部门自信、进取的文化已经成功地让宝马在高性能车领域领先了五十年，而且种种迹象表明，这一势头能延续到那个在未来等待着我们所有人的零碳新时代。

宝马 M 系列的灵感缔造者约亨·尼尔帕奇（Jochen Neerpasch，左），以及马库斯·弗拉什（Markus Flasch）

宝马的血液中流淌着 赛车运动

2

在一百年的成功历程中，涵盖了两轮和四轮赛车、F1、房车赛、勒芒——甚至是航空领域的辉煌成就

宝马早期参与赛车运动的成果之一是1974年推出的2002 Turbo，动力爆发力极强。不幸的是，它的问世恰逢第一次石油危机，导致其生命周期被悲剧性地缩短

▲▲ 顶级联赛冠军：宝马为尼尔森·皮奎特（Nelson Piquet）的布拉汉姆赛车提供动力，助其在1983年赢得了F1世界车手冠军

▲ 赢得冠军的M12/13发动机至今仍是F1历史上最强大的发动机之一，但它是基于一款标准公路车发动机开发而来的

在南非东北部德兰士瓦省的一个温暖的春日下午，宝马即将赢得多年来所追求的奖项。

那是1983年的10月，彼时莱赫·瓦文萨（Lech Walesa）刚刚获得诺贝尔和平奖，《太空先锋》即将在美国上映，"Total Eclipse of the Hear"和"Karma Chameleon"在单曲排行榜上名列前茅。与此同时，F1大奖赛也迎来当赛季紧张角逐的最后一场比赛，三位车手都有机会夺得世界冠军。

经过99分钟77圈的激烈角逐，来自布拉汉姆车队的里卡多·帕特雷塞（Riccardo Patrese）最终在基亚拉米大奖赛赛道上率先驶过格子旗，他被驾驶阿尔法·罗密欧赛车的安德列亚·德·切萨里斯（Andrea de Cesaris）紧追不舍。

但赢得最大呼声的是同样来自布拉汉姆车队的尼尔森·皮奎特（Nelson Piquet），他以第三名冲过终点。最终这位来自巴西的车手第二次赢得世界冠军。在喷洒香槟庆祝之后，他说希望自己能赢得更多的冠军。

对于F1赛车来说，这是一个重要的技术里程碑：首次有车手驾驶涡轮增压的赛车赢得F1世界冠军。对宝马而言，更是一件极为重要的大事。作为一家以"Motor"为中间名并投身于赛车运动的公司，这是一个极具象征意义的时刻，也是展现公司文化的顶峰时刻。能够参加顶级F1赛车发动机的设计和开发已是无上的荣誉，而如果这台发动机能够真正安装在赛车上，并与顶级车手携手夺得顶级赛车运动的世界冠军，那将是最高的成就，也是发动机制造商所能追求的最高境界。

获胜的心态

在一片欢呼声中，公司没能同时夺得车队冠军并不重要——因为在接下来的一两个赛季中就有机会获得。真正重要的是，宝马现在可以自信地站在领奖台的最高处，与它的对手梅赛德斯·奔驰受到了同等的尊重。

对于将宝马提升到这一高度的功臣，富有远见的首席执行官埃伯哈德·冯·库恩海姆（Eberhard von Kuenheim）而言，这一点尤为重要。冯·库恩海姆上任已有 12 年，由他提出的，与奔驰一较高下的宏伟计划已经提前完成。冯·库恩海姆在细节方面非常谨慎，但同时在大局上又雄心勃勃。在他的领导下，产量到目前为止几乎提升了两倍，并且超级成功的 3 系和 5 系的第二代产品的需求量很大，而令人惊叹的全新 7 系也正在开发之中，将于 1986 年推出。当时，只有冯·库恩海姆和极少一部分人知道，7 系隐藏着一张致胜王牌，将给奔驰带来致命一击，并且还是在三叉星所独占的极致奢华和精致的领域——它就是 V12 发动机，这是半个世纪以来德国量产汽车上的第一台 V12 发动机，它将永远打破梅赛德斯-奔驰在提供极致工程成就方面的垄断地位。因此，为皮奎特赢下 F1 世界冠军提供动力的发动机，完全符合宝马成为世界上最好的汽车工程公司的目标。

▲ F1冠军团队，从左到右：尼尔森·皮奎特（Nelson Piquet）、发动机专家保罗·罗斯切（Paul Rosche），以及设计大师戈登·穆雷（Gordon Murray）

▼ 时任宝马CEO Eberhard von Kuenheim 的战略规划使宝马成为全球汽车行业的重要参与者

然而，如果说为了达到这一高度需要经过长期艰苦的努力，那就有点夸张了。确实，自1916年宝马公司成立以来，已经经历了几代人的努力，公司的发展和变化焕然一新。但作为一种企业文化，即使是在公司成立初期，在航空发动机领域宝马也是一家具有竞争力的企业，经常在各类竞争中取胜。当年，这种获胜的心态提供了一种与生俱来的信心，可以探索创新想法并将其付诸实践，比其他人飞得更远、更快、更高，事实上也确实如此。

更远、更快、更高

第一次世界大战后的几年中，停战条件明确禁止宝马制造六缸航空发动机，这款发动机因福克 D V.Ⅱ 战斗机在西线空战中的成功而成为传奇。但是对于发动机的发展和改进并没有被禁止，这正是马克斯·弗里茨的目标，他是 Type Ⅲa 和 Type 4 发动机（以及不久后杰出的 R32 摩托车）背后的天才工程师。

虽然已经配备了创新的化油器，这款 19L 发动机还是获得了系统性的改进，弗里茨压榨出了更多的动力，并且更重要的是，提高了其在高海拔环境下的性能，从而提高了最大飞行高度。在1919年一系列广受关注的飞行中，多尼尔的试飞员弗兰克·泽诺·迪默（Frank Zeno Diemer）使用宝马发动机打破了多项国际高空飞行纪录，包括在 DFW 37/Ⅲ 双翼飞机上的 9760m，以及用一架搭载八人的容克斯 Ju F.13 单翼飞机上创造的 6750m 的高度纪录。

作为历史发展的关键节点，宝马抓住这些成就，用一系列优雅的海报宣传其竞争优势，这些海报直到今天仍然被人熟知。另外，这些海报导致了对宝马

宝马在高性能动力单元方面的专业技术是在航空发动机领域磨练而成的，公司在该领域创造了众多高度纪录

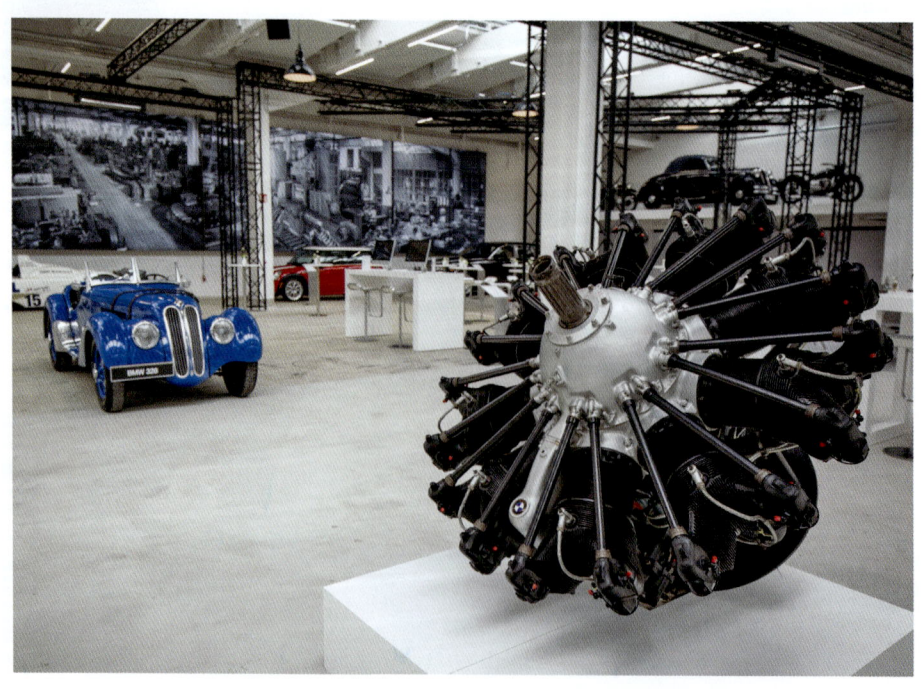

两轮创新：1923年，R32以其首款真正现代化和集成化的设计震撼了摩托车界。它的对置发动机布局至今仍深受宝马爱好者的青睐

徽标的一个普遍误解，即蓝白相间的圆形徽标代表飞机正在旋转的螺旋桨。还有一种说法，蓝色和白色代表空气和水，因为宝马当年也曾制造过船用发动机。这也是不对的。真正的解释确实有些平淡——蓝色和白色是宝马总部所在的巴伐利亚州的官方颜色，但颜色颠倒了，这是因为在20世纪20年代公司注册商标时，当地的商标法不允许将州徽用于商业目的。

宝马的竞争优势很快在地面上得到了进一步体现——两轮摩托车。马克斯·弗里茨设计的水平对置双缸摩托车R32于1923年首次亮相，震惊了摩托车界，一系列的工程改进带来了更强大的动力、更出色的性能，以及随之而来的，参加比赛并赢得胜利的欲望。恩斯特·亨内（Ernst Henne）在这方面发挥了重要作用，他以厂队车手的身份加入了宝马，很快就展现出了众多其他才能：除了赢得数个级别的全国冠军外，他还领导并激励宝马在德国新开放的高速公路上创下摩托车陆地速度纪录；国际六日耐力赛是当时最重要的摩托车赛事之一，他在比赛中发挥出色；四轮方面，第一次参赛，他就驾驶着全新宝马328跑车在纽博格林赛道赢得了1938年埃菲尔大赛的冠军。

优雅的328双座跑车配备了先进且创新的顶置凸轮轴六缸发动机，被认为是第一款体现了宝马独特文化的产品，富有创造性和生产力。这种文化源于激烈的国际摩托车比赛，设计和制造摩托车的人往往是那些周末开车去赛道、参加比赛并获胜的人。最重要的是，尽管这种驱动力会被恐怖的第二次世界大战和随之而来的混乱所打断，但正是这种精神在 20 世纪 60 年代使重振旗鼓的宝马再次走上赛道。不久之后，这些成功具体化为一个正式的赛车运动部门——宝马赛车与运动有限公司（BMW Motorsport），也就是后来的宝马 M 有限公司（BMW M GmbH）。这反过来又将宝马在国际房车赛、一级方程式锦标赛、勒芒和世界耐力锦标赛中的表现推向更高的高度。当然，还有我们现在所熟知的所有带有 M 徽标的高性能量产车。

时尚的328双座跑车为未来的M系列车型奠定了基础——轻盈、快速、灵活，公路驾驶充满乐趣，同时出厂即具备赛车冠军潜力的特质

▼ 技术先进的328（图中为由Touring设计的流线型车身）是宝马首款真正取得成功的赛车

▲ 法尔肯豪森（左）和保罗·罗斯切：宝马赛车成功的缔造者，从摩托车到一级方程式，他们功不可没

连胜的天才贵族

但现在，让我们回到20世纪30年代初，宝马M的种子正被种下。有一个人至关重要：他出身贵族，不仅是一位天赋极高的摩托车手和赛车手，还展现了对底盘和发动机设计的非凡才能，后来还负责整个赛事部门和工程计划，以在赛道上取得成功。毫不夸张地说，他与艾伯哈德·冯·库恩海姆（Eberhard von Kuenheim）一起，对塑造宝马的历史以及确立它今天的地位产生了巨大影响。当他在20世纪70年代末以超过规定的退休年龄最终离开宝马时，他是公司里年龄最大的员工，回顾一生中不断的工程创新、赛车胜利以及最重要的成功——顾客蜂拥至宝马展厅。

法尔肯豪森男爵（Baron Alexander von Falkenhausen）首次引起公司的注意时年仅17岁，他在各种摩托车赛事上的出色表现让宝马的厂队车手焦虑。1934年，他以机械工程师的身份从大学毕业后加入宝马，担任厂队车手和设计师，最初从事车架部分（他帮助开发了第一个伸缩式前叉），很快也开始涉足发动机设计领域。

这个时候，宝马已经是一家备受推崇的摩托车制造商，获得授权生产来自英国的Austin 7，在汽车行业中逐渐站稳脚跟。宝马系统性地改进了这款简单的小车，并更名为Dixi。由厂商提供支持的三辆748mL 3/15型车赢得了

1955年优雅的507跑车已成为宝马品牌的标志，但其高昂的价格和稀有性限制了其参与竞赛的机会

1929 年的 Alpenpokal 比赛（阿尔卑斯山拉力赛的前身）。法尔肯豪森男爵购买并驾驶了一系列宝马车型，包括一款 315/1 型跑车（已经配备了六缸发动机），并在场地赛和爬山赛中取得了数次成功。事实证明，正是赛道、赛车部门和量产车开发之间的这种共生关系，在 328 的诞生过程中起到了决定性的作用。328 是一款设计优雅但性能强大的双座跑车，原型车在 1936 年问世时，立刻就成为了业内的佼佼者。

最初 328 的输出功率为 80hp，在当时已经令人印象深刻，经过系统性的研发，使用特殊的赛车燃料时可输出超过 136hp。1936 年至 1940 年间，328 共赢得了 130 场比赛，其中包括 1938 年勒芒 24 小时耐力赛和 Mille Miglia 的组别冠军。次年，由米兰 Touring 车身厂打造的有着特殊空气动力学铝制车身的 328 在勒芒 24 小时耐力赛中获得了全场第五，并在 1940 年的 Mille Miglia 比赛中获得全场冠军，328 还获得了第三、第五和第六名，突显了宝马在尖端赛车领域所取得的进步。

赛车运动和量产车之间直接联系的价值很快就得到了所有相关人员的认可，这成为了此后宝马开发高性能车型的做法。二战后，法尔肯豪森男爵驾驶着自己车队的宝马赛车赢得了比赛和锦标赛。在二级方程式赛车中取得了一些成功后，他于 1954 年重新加入宝马，负责管理赛车部门并指导摩托赛车的工程开发。1957年，他被任命负责所有发动机的开发，包括为四座"泡泡车"600提供动力的水平对置双缸发动机——令人难以置信的是，他甚至还用这车参加了拉力赛。

这款发动机最初是在摩托车上使用的，后来被安装在了漂亮的700 Coupé 的车尾，显示出了实力。这一次，冯·法尔肯豪森本人与杰克·艾克斯（Jackie Ickx）、休伯特·哈恩（Hubert Hahne）和布卡德·博文西彭（Burkard Bovensiepen）等未来的明星车手一起为这款40hp轻量化的700赛车进行了宣传。700赛车在场地赛和拉力赛两个领域都取得了巨大成功：1961年，在著名的蒙特卡洛拉力赛取得了全场第五；1963年在欧洲房车锦标赛夺冠。

此时，宝马已安全度过了生存危机，在1959年年底从濒临破产中被拯救出来。在白衣骑士赫伯特·匡特（Herbert Quandt）和哈拉尔德·匡特（Harald Quandt）的掌管下，宝马现在能够奢侈地规划长期的业务和产品。冯·法尔肯豪森与保罗·罗斯切（Paul Rosche）一起再次发挥了关键作用，保罗·罗斯切领导了一款先进的全新高性能发动机的开发，专门用于突破性的 Neue Klasse（德语，意为新级别）轿车。

然而，即使是这些才华横溢的工程师也无法想象M10发动机将取得的巨大成功：在近三十年的生产周期中将赚取数百万美元；四分之一个世纪后，它为传奇的M3提供动力；赢得了一级方程式世界锦标赛的第一名，作为一级方程式名人堂中最强大的发动机被载入史册，排量仅1500mL就能产生令人难以置信的超过1400hp。

▶ 20世纪60年代的"Neue Klasse"轿车标志着宝马在商业和赛道上的命运转折。图中，休伯特·哈恩（Hubert Hahne）在1966年斯帕24小时耐力赛中驾驶他与杰克·埃克斯（Jackie Ickx）共同参赛的2000ti在维修站停靠

▼ 20世纪60年代以来所有宝马车型成功的关键在于由保罗·罗斯切主导设计的先进顶置凸轮轴M10发动机。图中是后期的涡轮增压版本，其开发基于房车赛中积累的技术经验

M10：推动宝马的涡轮增压发动机

让我们回到这款发动机刚刚诞生的时候，早在 1961 年，新款 M10 发动机的规格在当时就已经相当先进，但人们并没有意识到这款发动机将享有的非凡未来。保罗·罗斯切和他的团队确保了四缸发动机的铝制缸盖设计有着优秀的硬件基础，预留了足够的升级空间：五主轴颈曲轴确保了平稳性，链条传动的顶置凸轮轴保证了耐用性，气缸之间有足够的空间，为了以后将排量从最初的 1.5L 扩缸至 2L 或更大。

"作为设计和开发的负责人，冯·法尔肯豪森不得不在与宝马董事会的一些激烈辩论中捍卫自己的立场，争论的焦点是五主轴颈曲轴、顶置凸轮轴和非传统的燃烧室，这些都是奢侈的设计。"宝马公司在官方的回忆录中如此描述他们的发动机主管，后来被著名的瑞士汽车杂志《Automobile-Revue》描述为"人体燃烧室"。

到了第二年，1500 轿车已全面投入生产，不久后又推出了 1600 版本，然后是可提供 90hp 的 1800。M10 发动机的潜力变得愈发明显：双 Solex 化油器将 1800 Ti 的功率提升至 110hp，但真正的重大改变是在 1964 年年底推出的 1800 TiSA。这是最早的特别认证车型之一——为进入房车系列赛而限量生产的特殊高性能版本，对于宝马而言，1800 TiSA 是一款为了获得大赛全场冠军，而不仅仅是为了组别胜利而开发的车型。

比基础型号贵了大约 30%，1800 TiSA 凭借其双韦伯化油器、更大的气门、10.5∶1 的极高压缩比以及罗斯切开发的特殊凸轮轴，可提供超过 130hp 的动力，罗斯切此刻正为"保罗凸轮轴"这个亲切的昵称而欢欣鼓舞。为了工程规格的一致性，五速变速器（在当时又是一个罕见的配置）将动力传送至后轴上的限滑差速器，还有升级的制动系统和车轮轴承，以及更快的转向装置。车内有赛车风格的桶形座椅，金属辐条带开孔的木制方向盘，以及位于仪表板中央、车速表和组合仪表之间的附加转速表（红线接近 7000r/min）。

总而言之，TiSA 是市面最接近赛车的车型，它的影响力立竿见影。最高车速接近 190km/h，从 0 加速到 100km/h 用时不到 9s，性能相当出色——所有这些都在一个足够精致的套件中，适合日常使用，可以舒适地容纳 5 名乘员。共计 200 辆 1800 TiSA 都在短时间内售空，从任何意义上讲，TiSA 都可以被视为我们今天熟知的 M5 的真正前身。

在休伯特·哈恩（Hubert Hahne）、拉乌诺·艾尔顿尼（Rauno Aaltonen）等赛车明星的推动下，TiSA 立即开始了它的冠军之路，首次参加斯帕 24 小时耐力赛，就与强大的梅赛德斯-奔驰 300SE 展开了一场史诗级对决，并于次年获胜，使这条闻名世界的比利时赛道成为宝马最喜欢的"战场"之一。赛车界的许多知名车手都曾驾驶过这款车，其锦标赛成绩稳定，发动机功率超过 160hp。然而，在赛道上，更轻的阿尔法·罗密欧以及福特莲花合作打造的 Cortina 开始追近。宝马的反应是将新开发的 2L 版本的 M10 发动机装车，公路版 2000ti 于 1966 年初面世，豪华配置的"tilux"版本配有高级的内饰。现如今，汽车制造商喜欢频繁宣传其车型在纽博格林北环的圈速成绩，而早在几十年前，宝马就宣称 2000ti 是"纽博格林赛道上最快的量产车"，房车赛传奇休伯特·哈恩的平均车速达到了 137.2km/h。

1969 年年底推出的 2000tii 带来了更强的性能，车型名称中额外的"i"至关重要，因为它标志着燃油喷射技术的到来，而这一技术在此之前基本是仅供赛车使用。Kugelfischer 机械喷射系统确实曾用于赛车，但经过改造后它也能适用于量产公路车，这套系统包含了巧妙的三维凸轮系统，早于发动机 MAP 图，能根据转速、节气门开度、温度和气压等各类参数调节油气混合比例。

五速变速器再次成为 2000tii 的标准配置，与搭载普通化油器发动机的 2000ti 相比，tii 的价格大幅上涨。但很快，tii 就成为了赛道上的重型武器，大受汽车评论员的欢迎。它的生产周期在 1971 年停止，不仅仅因为全新 5 系的到来，还有另一款小得多的车型，该车型注定是宝马公司历史上最重要的汽车之一。

宝马凭借紧凑型"02系列"车型在市场上取得重大突破，尤其是在美国市场。2002tii是该系列中的亮点，搭载了高转速燃油喷射发动机，重新定义了小型车的性能、操控性以及驾驶乐趣的标准

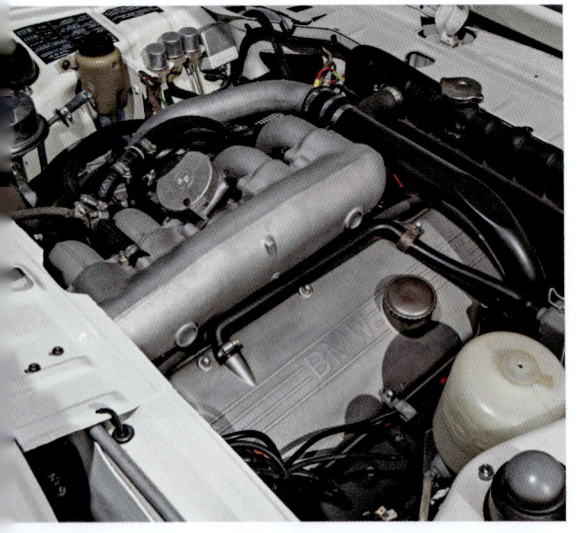

源自赛道：1974年的2002 Turbo运用赛车运动中的技术经验，成为世界首款量产的涡轮增压公路车。然而其170hp突然的爆发力常常会让驾驶者措手不及

小巧、灵动且强大：2002tii

2002tii 的面世其实出于偶然，部分归功于一系列美丽的巧合。所谓的"02 系列"于 1966 年面世，被视为宝马的低价入门产品，实际上是后车门缩短的 Neue Klasse 1600，因此被称为 1602。即便最初的 1.6L 发动机仅有 85hp，但驾驶起来却很轻松且充满乐趣，最终获得了意想不到的巨大成功，尤其在美国。紧接着，为"02 系列"配备 Neue Klasse 同款的升级版发动机，就只是一个简单的商业和工业逻辑问题。到了 1971 年，它迎来了巅峰——小巧的 02 匹配了 130hp 燃油喷射发动机。

tii，仅仅是这三个字母就足够说明一切，2002tii 的实际表现远远超出了其相对简单的车辆构造。即便是低转速，燃油喷射发动机的响应也非常出色，130hp 的动力，配合大概 1t 的车重，它能提供随时随地令人兴奋的性能。就像是 20 世纪 60 年代的 Mini Cooper S 或 70 年代后期的高尔夫 GTI 一样，tii 重新调整了每个人的预期：它以合理的价格提供了令人惊叹的乐趣，吸引了整整一代热情的买家加入宝马的阵营。它甚至考验了富有的保时捷、捷豹和奔驰车主的忠诚度。在赛道上，2002 也是一款十分有竞争力的车，迪特尔·奎斯特（Dieter Quester）在 1968 年和 1969 年夺得数个房车锦标赛的冠军，欧洲各地的私人车手在随后几年又获得了更多的冠军头衔。

2002 Turbo 的激进形象在20世纪70年代初震惊了评论界，但最终因石油危机而停产，仅生产了1672辆，其稀有性得到了保证

涡轮增压：首创且最快

法尔肯豪森和罗斯切身边有一群才华横溢的赛车工程师，其中的核心人员一段时间以来一直致力于赛用版本 2L 发动机的研发，试验了双顶置凸轮轴和每缸四气门，用于二级方程式赛车和跑车。数量不算少，超过 500 台发动机被提供给了客户团队，众多知名和即将成名的车手依靠他们的宝马发动机取得了令人印象深刻的成绩。当时，正如宝马官方所披露的那样，即便是法尔肯豪森最亲密的同事也被震惊到说不出话。1968年圣诞节，他宣布了他的下一个项目："让我们尝试一下涡轮增压器。"尽管一些内部技术人员倾向于将这一挑战视为幼稚的节日恶作剧，但这个想法其实很有效。2002 赛车的输出功率从 200hp 上升到了 280hp，并在 1969 年的欧洲房车锦标赛中赢得四轮比赛，帮助宝马车队卫冕。四年后，在一片喧嚣和兴奋中，公路版 2002 Turbo 诞生了。相当多的喧嚣是因为其大胆的外观，这一次宝马用了比以往更激进的设计。尺寸更大的轮胎及轮圈，与凸出的铆接宽车身相搭配，就像是赛车那样；行李舱盖后缘安装了一个厚实的黑色扰流板；一个宽大的前包围紧紧贴着地面。更夸张的是，前包围被涂上了红、蓝、黑三色，还有白色的"2002 Turbo"字样，用镜面对称效果显示，同样的文字和条纹也出现在了车身侧面。如果有公路赛车的话，那肯定就是这辆。

毫无疑问，2002 Turbo 的外观具有攻击性，尤其是因为在当年的公路车上几乎从未有过扰流板这样的空气动力学辅助装置。但就宝马而言，它的张扬是有道理的：这是第一款由主流制造商推出的涡轮增压汽车，比保时捷 911 Turbo 早几个月，比萨博 99 Turbo 早了几年。它的账面性能在当时也很轰动：170hp（当时大多数 2L 发动机都很难超过 125hp），0—100km/h 的加速时间远小于 8s，最高车速远超过 200km/h。每个有抱负的赛车手都想要一辆，即使它的价格几乎是原版车型——广受好评的 2002tii 的两倍。但这有什么问题呢？

当然，正如广泛讨论的那样，Turbo 是在错误的时间推出的一款正确的汽车。年代交替，全球性的石油危机，是宝马赛车运动部门的工程师在赛车项目结束后开始着手开发公路车型时最不想看到的一件事。他们更不可能预料到，阿拉伯石油的禁运会导致周末驾车的禁令和加油站大排长龙。欧洲正在经历着第一波反汽车情绪，Turbo 所彰显的无所畏惧的动力和速度并不受欢迎。至于车辆本身，它时而惊险、时而恐怖，时而刺激、时而险恶。它驾驶起来很令人兴奋，也许太令人兴奋了，很快它就获得了"难应付的对手"这个名号。

根本原因是其发动机而不是底盘，由于缺乏用于供油和增压的电子控制装置，宝马工程师必须降低压缩比（6.9：1），以避免在较高转速涡轮开始增压时破坏点火提前角。这使得发动机在低转速时变得迟缓，从而鼓励驾驶员更用力地踩加速踏板来获得速度。然而，在看似令人痛苦的延迟之后，动力会在没有任何警告的情况下爆发性地到来，尽管有限滑差速器，但仍会有巨大的动力来打破后轮胎的抓地力。在直线上，这可能会令人兴奋，但在弯道中，尤其是在湿滑的条件下，可能会导致令人心脏骤停的甩尾，甚至是打转。

现如今，在电子化的 21 世纪 20 年代，我们已经习惯于涡轮增压发动机提供的强劲动力。重新审视 2002 Turbo 之后，许多车评人承认，驾驶它似乎不再那么困难，当时对它的评价可能过于严苛。略感遗憾的是，如果那些 20 世纪 70 年代的宝马赛车运动工程师能够用上现代的发动机电控管理、牵引力控制和稳定系统，那么 2002 Turbo 根本不会那么难以驾驭。

无论如何，宝马都不得不向现实低头，匆忙删除了前包围上镜像效果的 Turbo 字样，然后提高了车辆的价格，面对持续的石油危机，直到 1975 年将产量逐渐减少到零。在一年多一点的时间里，2002 Turbo 仅生产了 1672 辆，全部为左舵驾驶且符合欧洲规格，其中绝大多数是白色。相比之下，近 45000 辆 tii 找到了买家，而普通的 2002 则售出了 326000 辆。换句话说，虽然在商业层面失败了，但作为一款激动人心且荣耀无限的高性能车，也是涡轮时代的标志，这款最稀有的 2002 具备所有成为永恒经典的正确要素。

严格来说，2002 Turbo 应该被视为宝马赛车运动部门的第一款产品，因为该部门于 1972 年 5 月正式成立。对于该部门而言，2002 Turbo 是一个足够爆炸性的开端，但更多的争论和经典还在后面。

1800 TiSA

车型和代号
1800 TiSA, Type 118

成名之处
宝马赛车部门第一台轰动性作品,最接近赛车的产品

生产时间
1964—1965

产量
200

起售价格
DM 13500（€ 6900）

发动机型号与类型
M10,直列4缸,SOHC 8气门;双Weber化油器

排量 /mL
1773

最大功率 /(hp @ r/min)
130@6100

最大转矩 /(N·m @ r/min)
157@5250

变速器与驱动系统
5速手动变速器,后驱,限滑差速器

前悬架
麦弗逊式悬架

后悬架
半拖曳臂,螺旋弹簧

车身形式
四门轿车

净车重 /kg
1050

最高车速 /(km/h) 及 0—100km/h 加速用时 /s
186; 9.0

年度产量

1964	200
总计	200

有关车型数据来源,参见221页。

2002tii

车型和代号
2002tii, Type 114/E10

成名之处
小型化,充满驾驶乐趣;在美国市场取得突破

生产时间
1971—1975

产量
44484

起售价格
DM 10990（€ 5620）

发动机型号与类型
M10,直列4缸,SOHC 8气门;Kugelfischer 燃油喷射

排量 /mL
1990

最大功率 /(hp @ r/min)
130@5800

最大转矩 /(N·m @ r/min)
176@4500

变速器与驱动系统
4速手动变速器,后驱

可选变速器
5速手动变速器

前悬架
麦弗逊式悬架

后悬架
半拖曳臂,螺旋弹簧

车身形式
两门轿车,3门旅行（掀背）

净车重 /kg
990

最高车速 /(km/h) 及 0—100km/h 加速用时 /s
190; 9.4

年度产量

1975	1330
1974	6644
1973	11606
1972	14210
1971	10694
总计	44484

2002 Turbo

车型和代号
2002 Turbo, M114/E20

成名之处
第一台小型Turbo,有着令人兴奋的速度但很难驾驭;超前于时代

生产时间
1974—1975

产量
1672

起售价格
DM 18720（€ 9520）

发动机型号与类型
M10,直列4缸,SOHC 8气门;Kugelfischer 燃油喷射,KKK 涡轮增压器

排量 /mL
1990

最大功率 /(hp @ r/min)
170@5800

最大转矩 /(N·m @ r/min)
240@4000

变速器与驱动系统
4速手动,后驱,限滑差速器

可选变速器
密齿比5速手动变速器

前悬架
麦弗逊式悬架

后悬架
半拖曳臂,螺旋弹簧

车身形式
两门轿车

净车重 /kg
1080

最高车速 /(km/h) 及 0—100km/h 加速用时 /s
211; 7.0

年度产量

1975	188
1974	1477
1973	7
总计	1672

从赛道到公路

到公路

3

激烈的竞争孕育出为宝马客户打造的卓越车辆

传奇汽车,传奇赛道,大型3.0 CSL跑车在斯帕赛道壮观的Eau Rouge高速弯道上咆哮而过,这是宝马在赛道上的众多胜利之一

▲ 1973年宝马监事会会议前夕，新任CEO埃伯哈德·冯·库恩海姆（左）和新招进来的鲍勃·卢茨，正是卢茨聘请了约亨·尼尔帕奇，并明确指示他要在赛道上取得胜利

▼ 1200辆特别制造的CSL车型中使用了轻量化材料，使得这款大型双门轿跑车的重量减轻至1060kg。尼尔帕奇的这一举措使得CSL成为了一款强大的赛车，并多次夺得欧洲房车赛冠军

1969年的秋天，宝马的引路人和主要股东赫伯特·匡特（Herbert Quant）宣布，名不见经传的42岁的埃伯哈德·冯·库恩海姆（Eberhard von Kuenheim）将在明年接管公司。当时的高管们表现出了惊讶和不解：明明看上去公司经营得非常好，宝马有两个成功的车系——Neue Klasse 和 02 系列，营业额即将突破10亿德国马克大关，且订单充足。在未来发展上，宝马还有一个令人充满期待的新车型——未来的5系以及一个用来建造它的全新工厂。

但即将上任的新首席执行官雄心勃勃，在他看来宝马光有这些还不够。他意识到如果宝马想要从一个面向欧洲、偏安一隅的区域品牌获得突破，那就需要达到更高的层次并更快地行动起来。首先是人事方面。本来现任首席执行官格哈德·威尔克因病退休，备受瞩目的销售总监保罗·哈恩曼（Paul Hahnemann）预计会接任这一职位，但库恩海姆的空降阻断了哈恩曼的晋升之路。因此深受宝马经销商和员工喜爱的哈恩曼因未能晋升而心生不满，据称他与库恩海姆在多个问题上发生了冲突，不久之后他便离开了公司。这就为新CEO从公司内外招聘新鲜血液铺平了道路，而库恩海姆最关键的举措之一是将一位雄心勃勃的销售经理从通用汽车旗下的欧宝公司挖了过来。

他就是鲍勃·卢茨，一个高大、国际化且对语言有敏锐天赋的瑞士裔美国人，后来还成为了福特欧洲公司的领导者，并在接下来的四十年里领导了美国三大顶级汽车制造商。1971年，他加入宝马担任营销总监后便立即着手控制经销商网络，尤其是那些做出口市场生意的私人特许经营店，因为这些店靠着宝马的出口贸易赚得盆满钵满。卢茨的另一个重大举措是挖走福特赛车经理约亨·尼尔帕奇，他的意图很明确，即让宝马通过汽车赛事活动来进行营销推广。

一个属于自己时代的传奇：3.0 CSL

尼尔帕奇后来回忆说，他提出的一个条件是赛车运动部门必须独立运作，"首先，我要求成立一家独立公司，而不是像福特那样设立一个内部部门。其次，由于我在福特曾遭遇过一千辆赛车的认证问题，所以我要求确保这一千辆车将被生产出来。"

次年五月，宝马运动有限公司（BMW Motorsport GmbH）正式成立，当时有35名员工。尼尔帕奇担任负责人，科里斯·阿蒙（Chris Amon）、图瓦纳·赫兹曼斯（Toine Hezemans）、汉斯-约阿希姆·斯达克（Hans-Joachim Stuck）和迪特尔·奎斯特尔（Dieter Quester）被签为工作赛车手，比约恩·沃尔德加德（Björn Waldegaard）和阿希姆·瓦姆博尔德（Achim Warmbold）为拉力车队工作。不久之后，工程师马丁·布劳恩加特（Martin Braungart）也从福特公司转投而来，他将在M1超级跑车的发展中发挥关键作用。

在他们的努力下，宝马有了操控着强大的2002（现在仅重950kg，机舱盖下却有一个16气门的240hp发动机）用于拉力赛，而更大的E9轿跑车则可用于赛道比赛。已经被宝马支持的外部团队如Alpina和Schnitzer等也开始把人号的3.0 CSL（Coupé Sport Leicht，意为双门跑车、运动、轻量化）作为改造的目标车型。尽管其燃油喷射式3340mL 12气门发动机可提供高达360hp的动力，但与超轻但仍然强大的福特Capri相比，这辆车的整体重量一直是个问题。讽刺的是，尼尔帕奇本人曾在他的上一份工作中协助创造了福特Capri。

"我们把1973年视为一个过渡期，因此我们不指望赢得这次欧洲锦标赛。"他宣布这一消息的同时，还批准了一个减轻大型轿跑车重量的激进计划。然而他的谨慎是毫无根据的，宝马确实赢得了当年的总冠军，赫兹曼斯是最佳车手，而BMW运动部的蓝色、紫色和红色条纹涂装成为赛车迷们熟悉的景象。

3.0 CSL是新成立的宝马运动有限公司的首个大型项目；随后的M1超级跑车是第一个——也是唯一的——不基于量产车的全新设计。这两款车型的设计细节经常被引用到新的宝马车型上

▲▲ 宝马艺术车系列：法兰克·斯特拉
法兰克·斯特拉设计的这辆极具戏剧性的、以图表纸为主题的CSL是宝马艺术车系列的第二辆，并在1976年勒芒24小时耐力赛中亮相时受到观众的热烈欢迎。

▲ 基于M10发动机的宝马发动机在欧洲F2赛车中统治了近十年，再次为公路车的发动机设计提供了参考。

这一成功开启了 1974—1983 年的连续十次冠军，其中 CSL 在 1980 年被 320i 取代，而在 1981 年则是 635CSi。

这些赛车之间的共同点是它们被当作技术创新的移动实验室，这些创新后来被应用到量产汽车上。在 3.0 CSL 上，最初聚焦的是减轻重量、提高空气动力性能和增加功率，最终产生了世界著名的"蝙蝠车"认证特别版，面向公众的最终售价为 35700 德国马克。这款终极版 CSL 采用了疯狂的空气动力学辅助装置，并将宝马的所有材料开发成果结合在一起，因此其重量降至约 1060kg。即使在宝马退出官方车队多年以后，它仍在赛道上持续获胜。同时，它还直接启发了 635CSi，这辆赛车让宝马的连胜纪录延续到了 80 年代中期之后。

在发动机方面，第一台 24 气门装置于 1973 年出现在赛车上，其发动机功率超过 430hp。到 20 世纪 70 年代末，一些涡轮增压版本的功率甚至高达 800hp。另一个创新是在赛道上首次试用防抱死制动系统，后来这成为了 7 系的标准配置。

房车赛规则的频繁变化意味着宝马必须与时俱进：小号的 320i 在 1980 年帮助车手赢得了冠军，两年后，装备有升级套件的 528i 轿车赢得了冠军，这与 20 世纪 60 年代中期 1800 TiSA 的成功相呼应。635CSi 官方锦标赛的告别演出标志着 1986 年是圆满而成功的一年：受赛车直接启发采用 24 气门的 M635CSi——在美国被称为 M6——已面向公众销售；更小、更轻，最终更快、更成功的 M3 也已蓄势待发，我们将在第 5 章中详细介绍。

宝马自身的发动机禀赋以及一级方程式赛车

在过去的十多年里，宝马公司更倾向于在内部进行发动机开发工作，这使得其赛车工程师们忙得不可开交，但也让其车队和客户团队都站在了胜利的领奖台上。只是宝马汽车部对房车赛的雄心不止于此。事实上，在此期间还有几个其他雄心勃勃的项目在同时推进：在美国系列赛事中比赛的大型轿跑车、由 320i 组成的青年队以及统治了二级方程式赛车长达十年之久的基于 M10 的发动机。加之一系列注定会更加辉煌的高调的项目，它们共同推动宝马汽车运动进入汽车竞赛的最高级别，并塑造起每个未来世代顾客眼中的品牌形象。

首先，是华丽的 M1 超级跑车（见第 4 章），不久之后是凶猛强大的一级方程式发动机，它让尼尔森·皮奎特（Nelson Piquet）在 1983 年夺得世界冠军。十年后，为迈凯伦 F1 专门设计的 V12 发动机让其成为世界上最快的公路汽车，并且是唯一一辆在勒芒 24 小时耐力赛中获得全面胜利的汽车。再加上宝马自己的赛车在 1999 年的勒芒比赛中使用了相同的发动机并取得了胜利，且在千禧年之后以发动机制造商和厂商车队的双重身份重返一级方程式赛场——尽管没有重现之前那么耀眼的成功。

在 20 世纪 60 年代末，有些人建议宝马进入一级方程式比赛，但高管层抵

BMW Art Car No.15 Jenny Holzer.

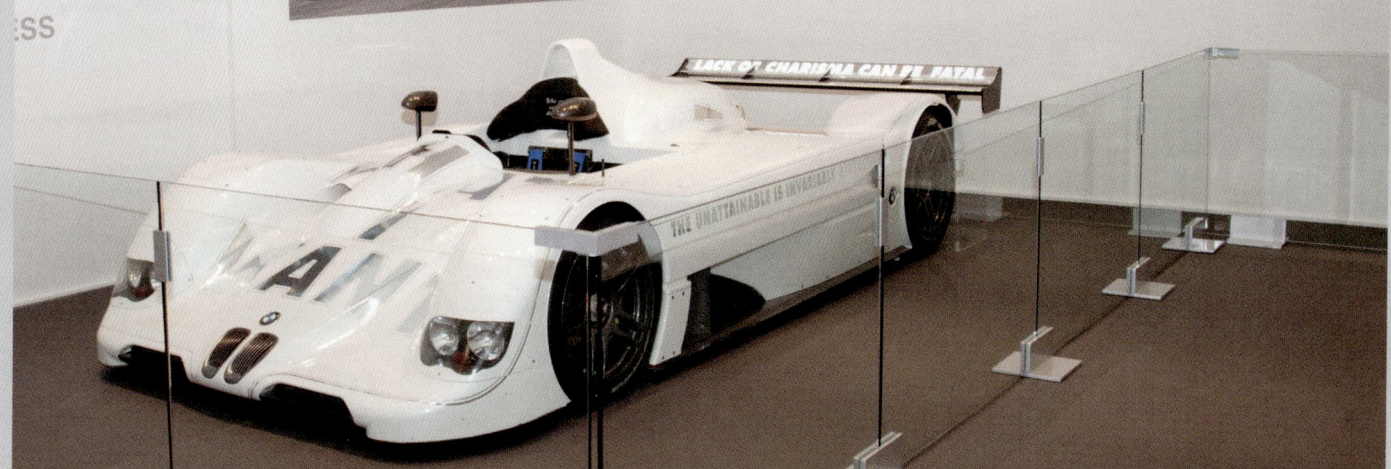

宝马艺术车系列：珍妮·霍尔泽
或许宝马艺术车系列中最快的作品是珍妮·霍尔泽的1999年勒芒冠军V12 LMR。这辆敞篷赛车的流畅白色车身成为了她标语式艺术风格的理想高速画布

制了这一想法。到了70年代后期，雷诺开始宣传其1.5L涡轮增压V6发动机能对抗竞争对手的标准3L发动机，尽管雷诺最初脆弱不堪，但它们显示出明显的潜力，这让宝马也开始意识到自家的M10发动机也有获胜的潜在可能。毕竟该发动机覆盖了1.5~2.0L的范围，并且宝马运动部门已经对该发动机有了丰富的经验——曾在二级方程式赛车、跑车以及在房车赛中都采用过涡轮增压发动机。

当宝马在1980年4月正式宣布进军F1时，外界表现出了很大的惊讶。造成惊讶的原因有很多，其中一条是赛车发动机将基于现有的M10，并且可能使用来公路车型发动机上的长寿命取向的缸盖。M12发动机由发动机大师保罗·罗斯切（Paul Rosche）设计，1.5L的M12采用了16气门设计，上面是铸有BMW M-Power字样黑色的气门室盖。但是与体积紧凑的发动机核心相比，尺寸不小的KKK涡轮增压器、多个歧管、散热器、中冷器以及所有复杂的隔热和管道占据了

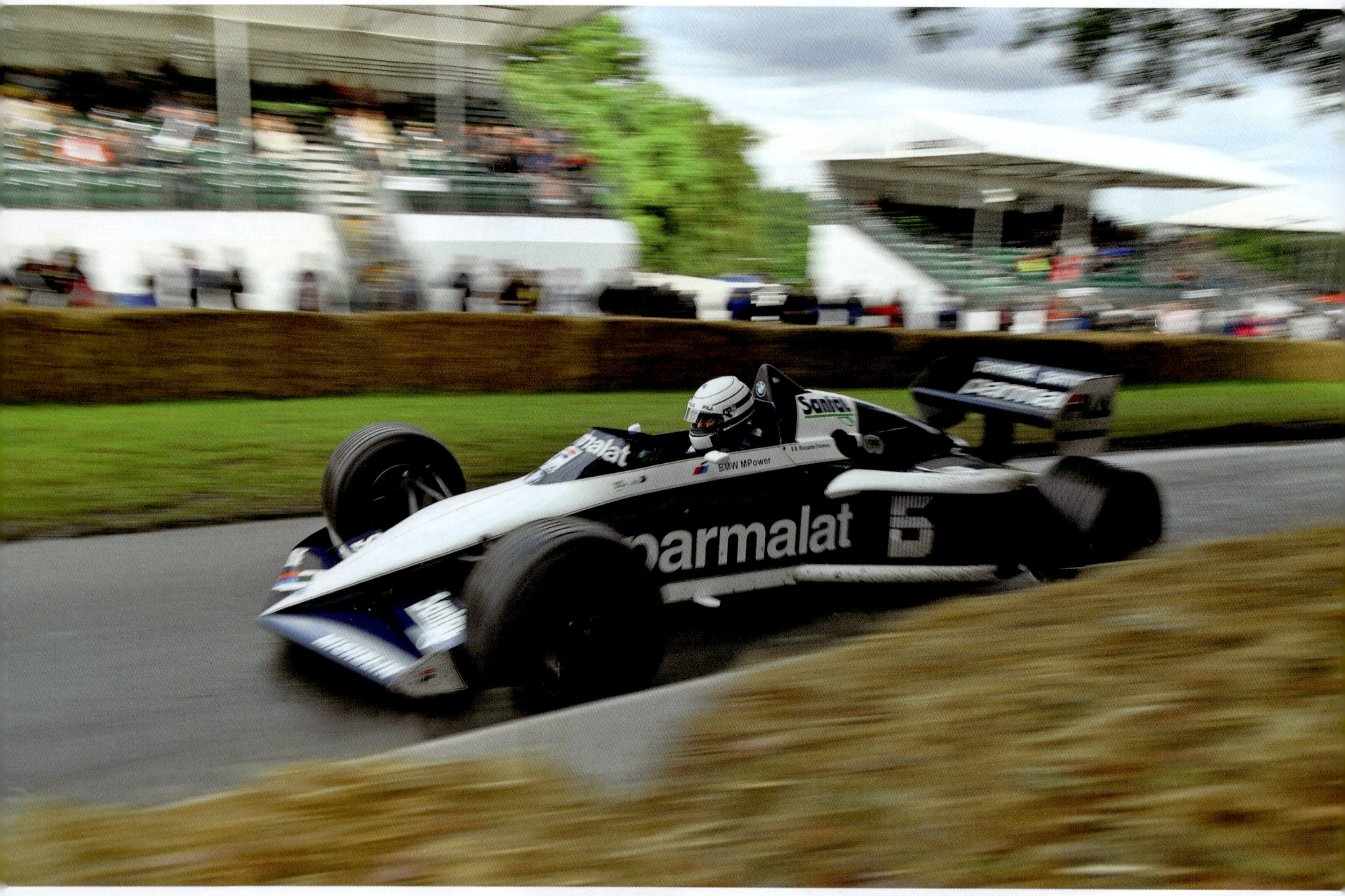
parmalat
5
BMW MPower

parmalat

parmalat
Santal

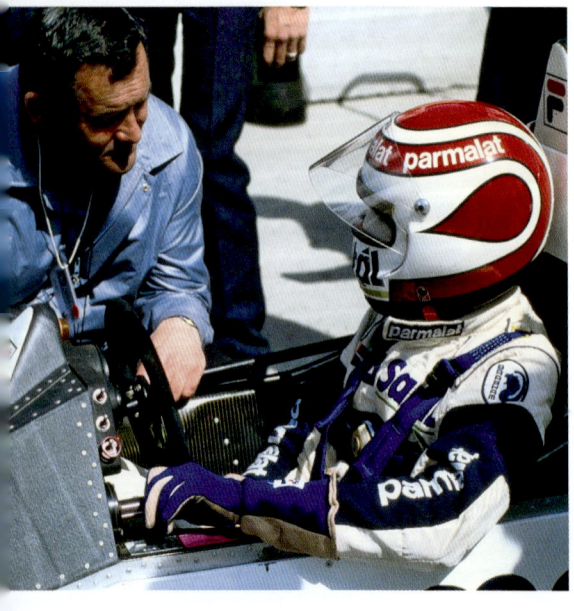

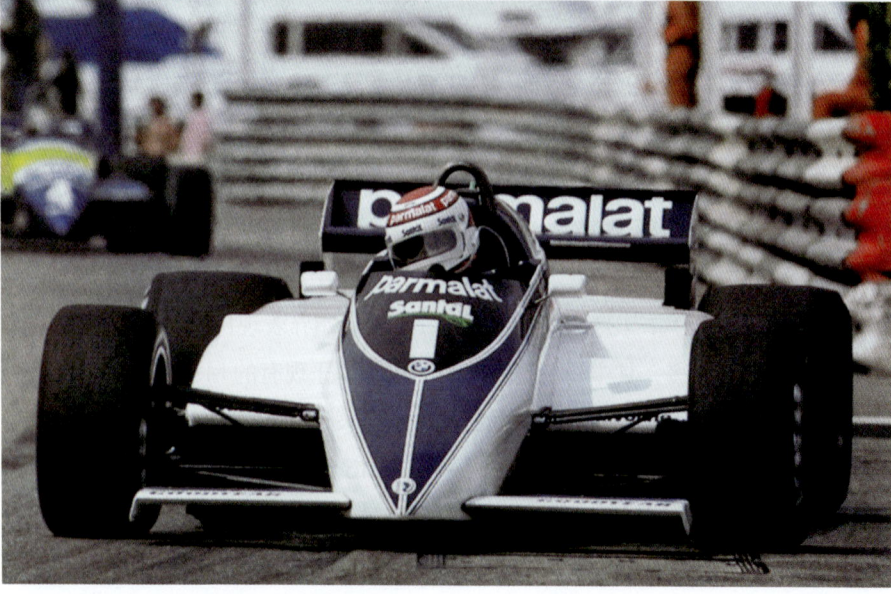

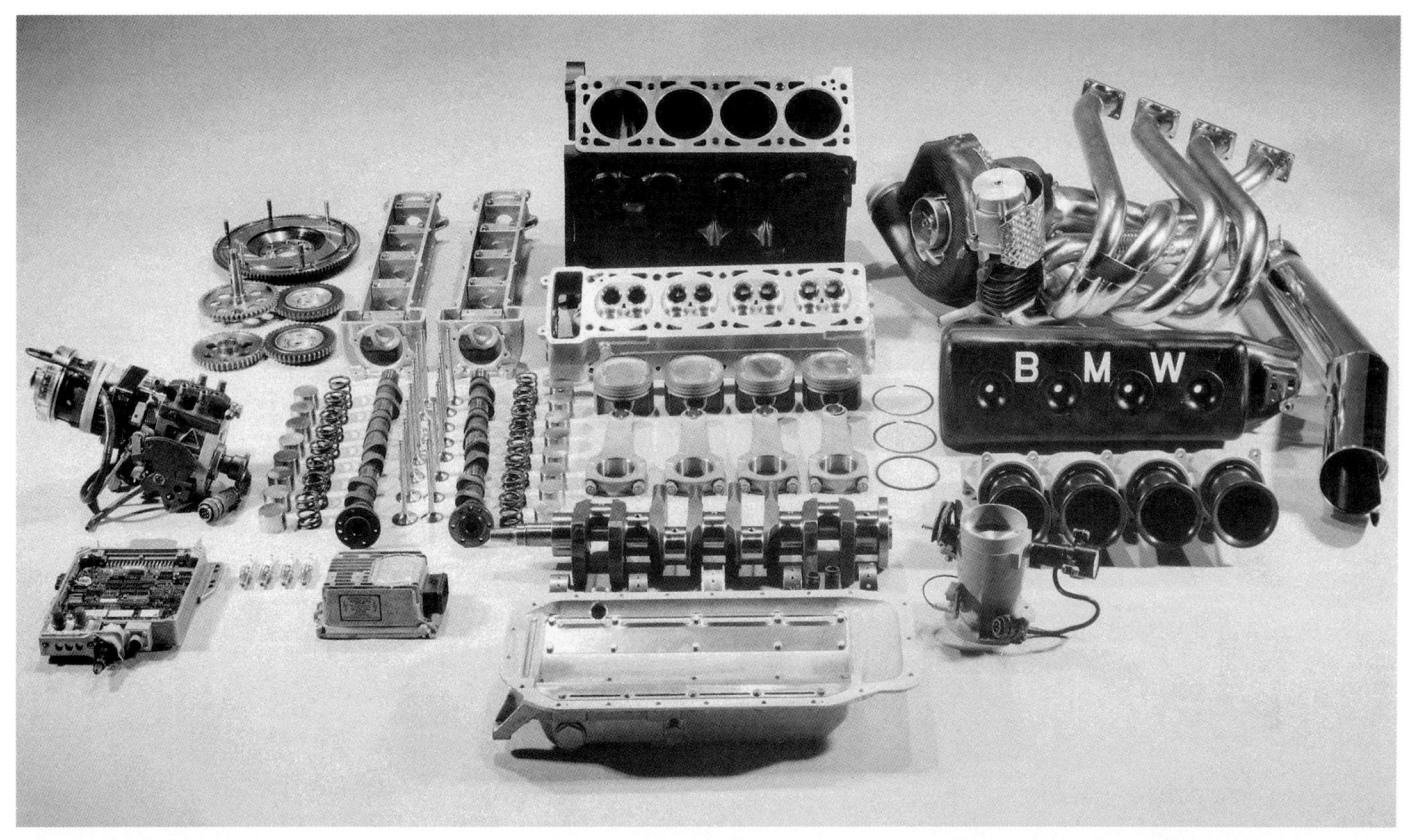

更多的空间。但当安装在布拉汉姆 BT52 赛车上时,它仍然比竞争对手的雷诺和法拉利双涡轮增压的 V6 发动机看起来简单得多。

经过 1981 年全年的秘密测试,最初的发动机已可产生大约 560hp,尽管更重,但多出的功率足以弥补比此前使用 470hp 3L 考斯沃斯 DFV V8 发动机的布拉汉姆赛车多出的重量。但即便如此,这辆车仍然难以驾驭。1982 年布拉汉姆没有在慢速赛道上使用宝马发动机。尽管在加拿大站取得了一次孤零零的 1-2,但可靠性问题频发且爆缸频繁让该发动机获得了"手榴弹"的绰号。令所有人失望的是,这些问题一直在持续,直到新的数字电子燃料喷射技术出现,以及由巴斯夫提供的巧妙的混合燃油方案出现才解决了大部分问题,后者用来防止在高压力下发生爆燃。这些反过来又为更大的增压和如今仍享有盛誉的巨大功率水平铺平了道路。

"突然爆燃消失了",罗斯切在一次后来的采访中回忆道。"我们可以没有问题的增加压力和动力。我们在台架上看到的最大增压绝对值为 5.6bar(1bar=100kPa),此时发动机正在产生超过 1400hp 的动力。也可能是 1420 或 1450hp,因为无法测量我们不得而知——我们的台架只能达到 1400hp。"

"最大功率仅用于排位赛,而且只有一两圈。"他补充道,"在比赛中我们大约使用了 1000hp。这是我们在 1983 年赢得冠军的一个原因。"

这些都是传奇背后的真实故事。

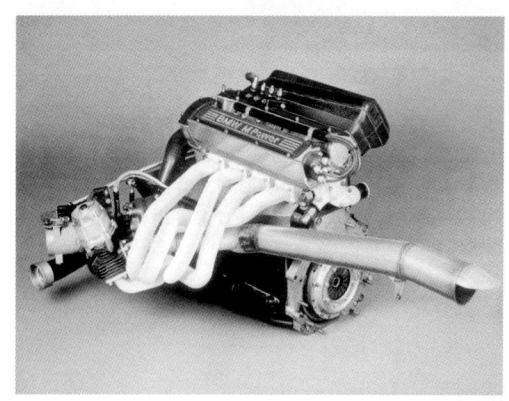

F1历史上最强大的发动机,1.5L 4缸M12/13基于公路版M10发动机,但经过了大量的涡轮增压改造,在排位赛调校下可以输出超过1400hp的功率,而在正赛中也能达到1000hp。早期的可靠性问题被保罗·罗斯切的团队系统地解决了,这使得尼尔森·皮奎特在1983年赢得了世界车手冠军

迈凯伦为其具有突破性的1992年F1超级跑车选择了宝马的6L V12发动机,而到了1995年,赛车版GTR就在勒芒24小时耐力赛中取得胜利——这是首次有车队在第一次参赛时赢得该赛事

宝马助力迈凯伦夺得勒芒冠军

令人遗憾的是,1983年注定是宝马涡轮增压器唯一真正成功的年份,在随后的赛季中,胜利越来越少且间隔越来越长。尼尔森·皮奎特已经"叛变"到威廉姆斯-本田车队,与布拉汉姆车队老板伯尼·埃克莱斯顿(Bernie Ecclestone)的关系也在恶化,且宝马也在1987年底从F1中撤出以专注于其他业务。其中一项业务将涉及戈登·穆雷(Gordon Murray),这是在布拉汉姆车队与罗斯切合作得十分融洽的F1设计天才。

穆雷对保罗·罗斯切非常尊重,并且在1987赛季转投了十分成功的迈凯伦车队。而就在这个巨大的成功背景下,迈凯伦车队老板罗恩·丹尼斯(Ron Dennis)和穆雷进行了一次具有里程碑意义的对话,据传是在1989年大奖赛结束后两人等待航班回家时,在机场候机室里进行的。穆雷提议迈凯伦应该建造终极公路车,一台完全不妥协的机器,能够提供尽可能接近F1赛车驾驶体验的驾驶感受。为了保持汽车尽可能紧凑,穆雷的想法是激进的:驾驶员会坐在中央以获得良好的视野,乘客则会在两边;结构将全部采用碳纤维以保证轻量化和强度,不允许有任何外部空气动力学辅助装置。他的计算表明,至少需要600hp才能实现他想要的性能。由于迈凯伦没有发动机,更不用说为公路车准备的强大发动机，穆雷被迫到其他地方寻找。

在早期阶段，他排除了涡轮增压发动机，因为它们在低转速下无法提供所需的响应。这使他的任务加倍困难，但他的坚持是可以理解的：当时是使用高功率涡轮增压发动机、速度超过200mile/h的超级跑车时代，例如法拉利F40，但这些车令人兴奋的同时也常常难以平稳驾驶。穆雷的搜索目标最终锁定在宝马安装在7系豪华轿车中的60°夹角的M70 V12，他认为，宝马运动部门可以进一步开发这台发动机以提供所需的动力、灵活性和轻量化的完美结合。

罗斯切和赛车团队对这台大型发动机进行了大量的修改，由于他们之前已经为一辆从未投入生产的M8版的E31 850CSi原型车开发了一款增强版的V12发动机，这使得他们的任务变得更加容易。这个"M"的V12被扩大到6064mL，每排气缸配备了两个顶置凸轮轴，每个气缸有四个气门。与标准车型的380hp相比，其功率达到了惊人的550hp。这些为应用于迈凯伦上进一步升级打好了基础，其代号S70/2。发动机内部变化包括干式油底壳、钛合金曲轴以及使用镁代替铝以节省更多重量。

如何把发动机安装到迈凯伦F1紧凑的发动机舱内也是一件复杂的事情，因为这台发动机需要四个单独的排气催化器和一个备受瞩目的金箔隔热层来控制温度。当迈凯伦F1在1992年5月摩纳哥大奖赛上亮相时，引起一片惊叹，因为其最大功率为636hp，最高速度达到390km/h——这是非涡轮增压公路车中最高的——且0—100km/h加速只需要3.2s。

迈凯伦最初忽视了客户对F1赛车版的需求，直到1995年第一辆GTR LM出现。赛车版发动机转速限制到8500r/min，功率提高到了680hp，并安装了直齿变速器。所谓的"著名五人组"在当年的勒芒24小时耐力赛中一举夺得令人瞩目的胜利，分别获得第一名、第三名、第四名、第五名和第十三名。这是第一次有车队首秀即赢得勒芒，也是几十年来第一次以公路车为基础的赛车成为获胜者。随后几年，新的进气限制规则意味着将迈凯伦F1的动力从标准的636hp减少到600hp，但迈凯伦设法减轻了100kg的赛车重量，加之改进的空气动力学性能，这些更轻的赛车延续了更好的圈速时间纪录。

勒芒赛第二场胜利促使F1回归

1995年并不是宝马在勒芒获胜的唯一一年。四年后，随着这家德国公司转而与威廉姆斯F1车队合作，威廉姆斯为宝马车队开发了V12 LMR概念车，其车尾安装了同款V12发动机。该车在比赛中击败了包括梅赛德斯、日产、丰田和奥迪在内的众多车队。在1998年宝马第一次尝试时，由于轮毂轴承问题，该队不得不早早退出这项法国经典赛事。但在1999年的那场胜利之前并不为人所知的是，早在1997年宝马董事会已经批准与威廉姆斯合作重返一级方程式，在法国史诗级的24小时实际上是一次对新的F1冒险的试运行。

宝马与威廉姆斯大奖赛工程公司合作,向勒芒荣耀发起挑战,使用与迈凯伦F1相同的发动机,宝马车队的V12 LMR原型车在1999年的比赛中夺得冠军

在宝马的新3L V10 E41/4发动机于2000年首次亮相之前威廉姆斯就已经开始测试了。这是一个令人印象深刻的开始,拉尔夫·舒马赫(Ralf Schumacher)在车队的第一场比赛中就站上了领奖台,并且整个团队成为了法拉利和迈凯伦-梅赛德斯两个主导车外的最佳。次年,新的P80发动机带来了880hp,据报道是赛场上的最强动力,这帮助宝马赢得了四次胜利,并再次在制造商排名中获得第三名。2003年,驾驶风格火爆粗鲁的胡安-帕布罗·蒙托亚(Juan-Pablo Montoya)取得了七个杆位和一个冠军,但仍远落后于全胜的法拉利,位居第二。然而从那时起,威廉姆斯却开始衰退,在老板马里奥·泰森(Dr. Mario Theissen)的带领下,尽管工程和技术的投入巨大,但回报却在递减。

应用在P84/85的版本中的发动机在转速达到19800r/min时可输出超过950hp,但它仅重82kg,相比之下,原始E41/4版本重达117kg。这是一份对宝马赛车技术水平和财力的褒奖,尽管它在功率和可靠性方面是最好的,但结果仍然令人失望。这自然导致了宝马对威廉姆斯底盘开发表现的不满,并再次使关系紧张起来。据称,宝马试图收购威廉姆斯以获得完全控制权,但弗兰克爵士拒绝了;这促使了2005年6月宝马对索伯车队的收购。

2006年全新出发,伴随着另一台全新的发动机——P86,这款以符合新的规则要求的2.4L V8发动机,却仅带来了屈指可数的几次站上领奖台和在制造商排名中令人失望的第五名,尽管宝马-索伯经常是法拉利和迈凯伦之后第三快的车队。2007年,随着迈凯伦被取消了冠军头衔,宝马获得了第二名,而接下来的一年则带来了车队唯一的胜利——加拿大站,并且再次获得厂商第三

▲ 2004年宝马威廉姆斯F1车队发布会,从左到右依次为:帕特里克·海德、车手胡安-帕布罗·蒙托亚和马克·吉尼、车队老板马里奥·泰森,拉尔夫·舒马赫和弗兰克·威廉姆斯爵士

◀ 在2015年塞布林12小时耐力赛上,宝马为其Z4 GTLM赛车(前车)换上了全新的涂装,以纪念40年前3.0 CSL在佛罗里达赛道上的辉煌胜利

名。到目前为止,全球金融危机已经全面爆发,公司的预算也被挤压,与其说这个昂贵的F1项目有助于推广品牌,不如说是制造了更多的伤痛。不出所料,宝马董事会在2009年7月决定放弃该项目,并将车队卖回彼得·索伯。

像许多其他大型厂商一样,宝马在F1上投入了巨额预算,与二十年前皮奎特驾驶宝马动力夺得冠军时相比,宝马对F1的投入要高得多。表面上看,宝马运动部几乎没有从其多年的赛道战役中获得什么成果。除了可能允许母公司宝马股份有限公司(BMW AG)忠于其企业口号——将赛车技术带给公路汽车驾驶者。正如我们将在第7章中所见,令人惊叹的强大的第三代M5轿车,搭载着F1启发的高转速V10发动机和7速序列式变速器,确实将F1赛车技术带到了每个本地宝马经销商处。

宝马艺术车系列：亚历山大·考尔德宝马的艺术车系列中首款且最具大胆风格的作品，非1975年亚历山大·考尔德设计的色彩斑斓的3.0 CSL莫属。这位纽约雕塑家以其轻盈流动的动态雕塑而闻名，他也是赛车手兼艺术收藏家赫韦·普兰的好友。普兰与约亨·尼尔帕奇携手，开启了这一艺术车系列。在照片中，尼尔帕奇位于后排右侧，站在考尔德的动态雕塑前方

3.0 CSL

发动机型号与类型	
3.0 CSL, E9	3.0 CSL (3.2), E9

成名之处	
表现惊人的 GT 赛车和超成功的轻量级赛车，由宝马运动部开发，第一辆真正的 M 车	这辆著名的"蝙蝠车"(Batmobile) 是宝马运动部将赛道与公路完美结合的终极体现

生产时间	
1971—1974	1973—1975

产量	
1208（所有版本）	

起售价格	
DM 35700（€ 18250）	

发动机型号与类型	
M30，直列六缸，SOHC 12 气门；双化油器（双 Zénith 化油器）	M30，直列六缸，SOHC12 气门；博世 D-Jetronic 燃油喷射系统

排量 /mL	
2985	3153

最大功率 /hp@r/min	
180@6000	206@5600

最大转矩 /N·m@r/min	
255@3700	286@4200

变速器和驱动系统	
Getrag 4 速手动变速器，后驱，25% 限滑差速器	Getrag 4 速手动变速器，后驱，25% 限滑差速器

前悬架	
麦弗逊式支柱，Bilstein 气体减振器	麦弗逊式支柱，Bilstein 气体减振器

后悬架	
半拖曳臂式，螺旋弹簧	半拖曳臂式，螺旋弹簧

车身形式	
双门跑车	双门跑车

净车重 /kg	
1200	1250

最高车速 /(km/h) 和 0—100km/h 加速用时 /s	
215; 7.3	220; 7.1

年度产量	
1975	17
1974	40
1973	438
1972	601
总计	1096

有关车型数据来源，参见221页。

McLaren F1

车型和代号
McLaren F1, F1

成名之处 y
宝马 M 的 V12 发动机使 F1 成为世界上最快的公路车，并首次赢得勒芒赛的胜利

生产时间
1992—1997

产量
100

起售价格
£630000（€ 760000）

发动机型号与类型
S70/260 度 V12 发动机，DOHC，48 气门；博世电子燃油喷射系统

排量 /mL
6064

最大功率 /hp@r/min
636@7500

最大转矩 /N·m@r/min
617@4000

变速器和驱动系统
6 速手动变速器，后驱

前悬架
双叉臂式悬架系统，螺旋弹簧

后悬架
双叉臂式悬架系统，螺旋弹簧

车身形式
中置发动机三座跑车

净车重 /kg
1140

最高车速 /(km/h) 和 0—100km/h 加速用时 /s
390; 3.21

//
M1
优雅的灵感

成为偶像的宝马超级跑车以及它险些流产的故事

4

M1不仅因其优雅的设计而闻名,还被誉为高速艺术品。安迪·沃霍尔手绘的彩色版M1,是宝马著名的艺术车系列中的第四辆,曾参加1979年勒芒24小时耐力赛,并在其组别中获得亚军

即使在四十年后，M1的精致比例仍然显得清新而前卫，这一设计被公认为乔治亚罗（Giorgietto Giugiaro）的杰作之一

今天，M1被尊为宝马收藏柜中最珍贵的皇冠宝石之一，在粉丝和收藏家中享有崇高的地位。然而，从任何理性的角度来看，这个项目漫长而拖沓的孕育过程都是一场灾难，大多数公司都会在它陷入更深的财务泥潭之前就将其取消。

是宝马高层勇敢地决定坚持下去，加之思维活跃的设计师们精心策划，才巧妙地将一场迫在眉睫的商业灾难逆转为一次神奇、漂亮的公关案例。事实上，在公众普遍了解之前，该项目已被重新包装为一项巨大的成功，而M1本身也成为了这家德国品牌最持久和最具影响力的光环车型之一。

毫无疑问，M1仍然是所有高利润的M车型的核心灵感来源，尽管是间接的。这就是为什么现任M部门首席设计师马库斯·西林格（Marcus Syring）透露，直到今天，工作室里的每一位设计师仍然渴望设计出一款能够与这款40年前的超级跑车相媲美的继任者，M1的设计至今仍被广泛认为是最完美的汽车形状之一。

然而，即使在如此溢美之词中也存在着一个讽刺的事实：M1 在各个方面都是一种进化上的死胡同，除了其令人惊叹的 24 气门的 M88 直列六缸发动机。这个极具设计感、低矮的乔治亚罗车身风格借鉴了保罗·布雷克 1972 年开创性的 Turbo 概念车的设计元素，但直到三十年后才有了对这一概念车的继承。与之类似，中置发动机轿跑架构直到雄心勃勃的 i8 插电式混合动力跑车于 2013 年问世才在量产车上得到体现。从技术层面来看，M1 使用玻璃纤维作为车身材料的做法从未被重复过，而其源于赛车规格的悬架和驱动系统也一直是宝马车系中的孤品。

赛道目标：法拉利和保时捷

M1 项目（内部代号为 E26）的起源，可以追溯到 20 世纪 70 年代中期。尽管宝马的大型 3L 六缸 CSL 轿跑车在欧洲房车锦标赛中处于巅峰状态，但该车型已经在展厅被 635 系列取代，很明显宝马需要一款新的顶级竞赛汽车来提升公司的国际形象。

刚刚成立的由约亨·尼尔帕奇直接领导的宝马赛车运动有限公司（间接地由鲍勃·卢茨领导）决定瞄准高目标，委托开发一款在国际 Group 5 比赛中与保时捷和法拉利竞争的中置发动机跑车，即所谓的特殊生产汽车。该系列实际上要求在 24 个月内生产最低四百辆同源的量产版本。后来，约亨·尼尔帕奇说，这个想法是先建造赛车，后续将其转换为公路用车，"我们希望将这款公路车定价为 10 万德国马克，比赛版本则为 15 万德国马克，而当时我们的赛车 3.0 CSL 价值 35 万德国马克。我们还想让保罗·罗斯切（宝马发动机专家）开发一个新的可以用于一级方程式赛车的 3L V8 发动机。"

V8 并未实现，也许是因为宝马已经有了其出色的 M90 直列六缸发动机，但除此之外，宝马不得不去别处购买。意大利的兰博基尼，凭借其开创性的 Miura 超级跑车的成功而声名鹊起，被委托设计和建造空间框架底盘。设计师为乔治亚罗，他在设计出大众高尔夫和莲花 Esprit 后名声大噪，因此被邀请负责塑造玻璃纤维车身的外形。其他顶级供应商还包括如 ZF 提供了赛车标准的变速器、限滑差速器和其他底盘部件。

马丁·布劳恩加特协调了该项目的众多参与者。尼尔帕奇回忆说，这是一次"令人惊叹"的技术合作，"1977 年至少每周一次，马丁和我轮流驾车从加兴到圣阿加塔（兰博基尼总部），随着车辆的不断改进，我们的车速也越来越快，我们每次都在试图打破对方的时间纪录，最后我们把时间一共缩短了半个小时。"

不久之后，正如文件记录的那样，兰博基尼遇到了现金流问题。它向宝马

▲▲ 从今天的眼光来看，M1 的内饰显得简洁且功能性强，但在 20 世纪 70 年代末，它备受好评。最重要的是，所有功能都有效且可靠地运行，五速变速器采用了倒"L"形的设计，倒档位于左侧并向后

▲ M1 后角的宝马双圆标是乔治亚罗为赋予这款车明确品牌识别度的巧妙设计

寻求救助贷款被拒绝了，并且所有与 M1 相关的原型车、库存、零件和设备在一夜之间迅速被收回并运回德国。

宝马董事会曾短暂讨论过收购兰博基尼，但最终决定委托乔治亚罗组织当地的意大利专家组装底盘和车身，其中甚至包括一群前兰博基尼工程师。长期合作的斯图加特车身制造商 Baur 负责最后组装，包括安装宝马发动机。当时，保罗·罗斯切已经为 M90 开发出进一步改进的双顶置凸轮轴 24 气门气缸盖，其源自 CSL 赛车，并且包含机械燃油喷射和每个气缸的独立节气门——这些将成为许多后续世代 M 发动机的特色标志。罗斯切说，新的干式油底壳发动机（现在代号为 M88）在公路版调校下可产生 277hp 的动力，用于 Group 4 比赛的版本则可产生高达 470hp 的动力，而用于 Group 5 比赛时最多可达 850 或 1000hp。底盘设计则完全可以承受所有这些功率等级的残暴输出。

所有这些混乱导致的结果是，E26 项目彻底落后于进度表，因为本来的计划时间线要求在 1978 年春季完成 400 辆量产车的生产。这一打击是双重的。不仅公路版的客户变得不耐烦并取消了订单，而且更严重的是，赛事规则发生了变化，为 M1 本来计划参加的 Group 5 比赛在车辆还没有准备好前就消失了。

这对整个 M1 计划构成了生存威胁，但当时负责 F1 业务的富有创造力的尼尔帕奇和麦克斯·莫斯利（Max Mosley）想出了一个巧妙的答案——据说是在慕尼黑的一家酒吧里喝了几杯杜松子酒和汤力水后想到的。他们的想法是，在 F1 周末举办一场盛大的单一车型系列赛，由大奖赛车手与私人赛车手开相同的宝马 M1 赛车来竞争。这一想法迅速获得认可，并成为 1979 赛季国际汽联赛事日程的一部分。尽管 Procar 系列只持续了两个赛季，但它确实实现了

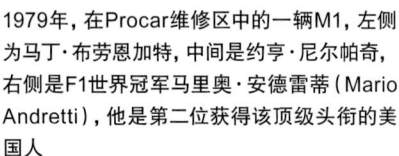

1979年，在Procar维修区中的一辆M1，左侧为马丁·布劳恩加特，中间是约亨·尼尔帕奇，右侧是F1世界冠军马里奥·安德雷蒂（Mario Andretti），他是第二位获得该顶级头衔的美国人

▲ 在1979年Procar比赛的发车时，M1赛车冲向佐尔德赛道的第一个弯道，参赛车手包括大奖赛车手和私人参赛者

◀ 四十年后，一辆M1赛车参加2019年7月在诺里斯环赛道举行的M1 Procar复兴赛

"I love that car. It has turned out better than the artwork."
-Andy Warhol

▲ 1979年，安迪·沃霍尔正在创作他的M1艺术车。他鲜艳的手绘色彩技巧与乔治亚罗车身设计的精细线条完美结合，打造出一辆令人难忘的赛车

▼ 约亨·尼尔帕奇观看一辆M1 Procar在2019年诺里斯环Procar复兴赛中冲过终点线

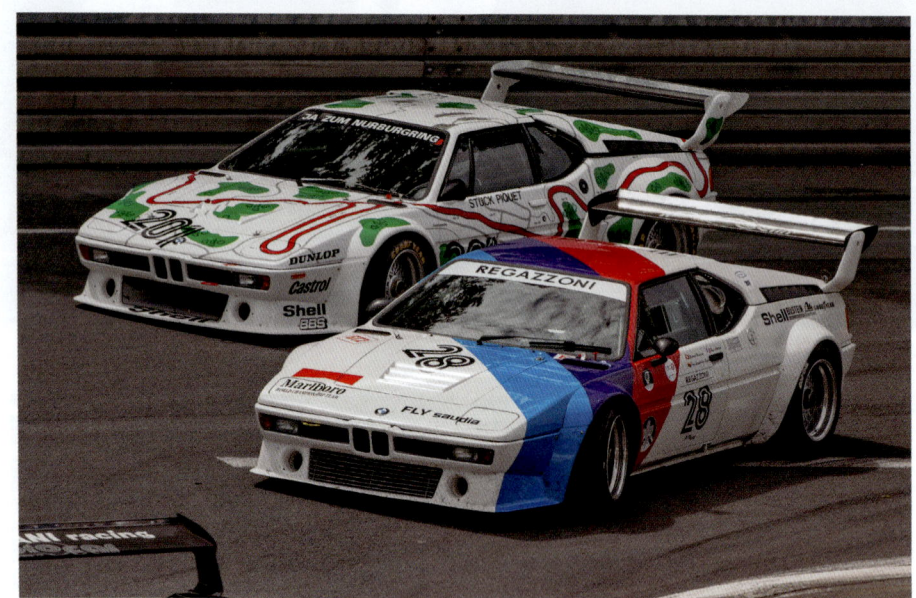

自己的使命，赛道上出现了许多令人惊叹的动作，一些史诗般的对决发生在如尼基·劳达（1979年冠军）、尼尔逊·皮奎特（1980年冠军）等经验丰富的大奖赛老将与领先的GT大赛和房车赛车手等之间。丰厚的奖金当然有助于赛事的火爆，参赛选手的广泛是另一个重要原因，很少有人在意开得更快但是由于商业原因被禁止参赛的车手（比如法拉利车队的车手）。

对于宝马来说，F1的华丽世界就像医生开的灵丹妙药。M1在全球观众面前展示了其令人印象深刻的优雅外观，尽管有些汽车在比赛中留下了明显的战

◀ 作为一辆公路车，M1令人惊讶地表现出温顺且宽容，但其24气门发动机的强劲咆哮声令人难以忘怀

▼ 1979年，Group 4组别的M1全速行驶，清晰可见赛车版本宽大的后扰流板和加宽的轮拱。与大多数其他超级跑车不同，M1最初是作为一款赛车设计的，但它同样非常适合公路驾驶

这是公路版M1最为熟悉的经典镜头之一,充分展现了其优雅的比例和完美的细节处理,闪闪发光的车轮是其中一个特别的亮点

斗痕迹。一级方程式赛车运动的名字与这辆车巧妙地联系在一起,而且最重要的是,客户已经开始订购可以上路的M1——尽管宝马的六缸发动机相对于意大利竞争对手所使用的强大的V8和V12发动机来说显得有点保守。

赛车变成公路车

M1的什么特质使它转变成公路车呢?对于见惯了当今豪华超跑的人们来

说，M1看起来非常低矮、纯粹和紧凑——当然其设计仍极具吸引力。这是一个历经四十年岁月表现极佳的设计：它的比例和在路上的姿势近乎完美，并且许多精致细节，如后窗格栅、宝马双圆标和令人惊叹的闪烁轮毂都已获得了永恒的魅力。

相比之下，M1的工程设计与当今超级复杂的、计算机控制的机器有着天壤之别。其3.5L双顶置凸轮轴直列六缸发动机，位于中置发动机舱内，且配有整洁的黑色的气门室盖，但显然可以容纳更大的八缸或甚至十二缸发动机。五速ZF变速器就在眼前，不受散热器、中冷器或其他管道的困扰，并且采用了标准钢制弹簧和Bilstein可调减振器以及赛车风格双叉臂悬架系统。齿轮－齿条转向系统是无助力的。

底盘由詹保罗·达拉拉（GianPaolo Dallara）设计，后来他自己也创立了非常成功的赛车制造业务。该底盘采用方形截面钢制管材制成，符合当时的比赛传统。公路版本的M1重量为惊人的1300kg；标准版发动机在6500r/min时可输出277hp，汽车快速轻快、敏捷且反馈很好。最重要的是，它的平衡性非常好，并且其非涡轮增压发动机具有浑厚宽广的动力特性。

以今天的标准来看，双座座舱天然是朴素和单调的，但在当时却是完全可接受的；毕竟，一辆法拉利F40现在看甚至更加朴实。公路版的标准配置包括空调、音响系统和电动窗，唯一的内饰颜色选项是黑色。在五种外部颜色选项中，最受欢迎的选择无疑是白色，其次是橙色、红色以及非常时尚的深蓝色。

在该车型的两年生产期内，只有399辆M1公路版被制造出来，而赛车版的数量则达到了54辆，其中包括为Procar系列赛准备的车辆。宝马无疑对该项目上的冒险感到失望：到1980年底，高层管理人员希望尽快摆脱这个项目，尽管一些重要人物，比如最著名的是宝马M部门之父约亨·尼尔帕奇就认为，如果得到适当开发，M1可以像911之于保时捷那样，为宝马带来成功。

当时的车评人对M1温和可控的驾驶体验充满了赞赏，甚至《Motor Sport》杂志的杰瑞米·瓦尔顿（Jeremy Walton）故意把他的车开到德国覆盖着雪的路上：

这款超级跑车最令人兴奋的地方在于，它和许多不太稀有的车型一样易于驾驶。一些稀有车型似乎在B级道路或者在面对不断变化的表面和倾斜挑战时显得笨重，而M1是最好的。我非常喜欢它，以至于在全功率下，我会保持在第二或第三档并让后轮滑起来，因为底盘会照顾好我。只要方向盘轻轻转向滑动的方向，M1就会乖乖地回到正轨上，没有任何突兀，或者是像一些更著名的超级跑车一样带来的心惊肉跳的感觉。

▶▶ 宝马经典部门的M1停放在i8前，两款都是极具特色的中置发动机跑车，作为标志性设计脱颖而出，但在技术和构造方面却几乎没有共同点

M1是一款出色的公路车辆，值得作为旗舰车型和全能车型，也本应该拥有广阔的商业未来。归根结底，它是一台实用的日常机器，而不是Stratos那种纯粹的赛事合规街车，毕竟宝马坚持其符合正常驾驶水准的匹配和完成度。我们还没有遇到或读到任何人不认为M1是真正超级跑车的测评报告。

在2020年首次驾驶M1时，经验丰富的记者彼得·罗宾逊称赞了六缸发动机的灵活性和"令人愉悦"的声音，也回应了对沉重、长行程离合器和低速时重量感的批评。"是的，感觉它并不像超级跑车那么快，"罗宾逊这样描写，"但它的积极和迅速响应……它的镇定与稳定性令人惊叹；以今天的标准来看，中等的轮胎意味着抓地力水平远非顶级，但是优势在于许多现代超跑缺乏的那种参与感。"

与角色不符，但对宝马来说很棒

就像25年前的507一样，M1在宝马世界中广受赞誉。它非常特别且非常罕见，拍卖会上出现的少数几例都标出了令人瞠目结舌的价格。但它是否代表了宝马最好的一面？也许不是。事实上，它是宝马历史上最不像宝马的车型之一，与公司核心价值观——尽可能多的内部开发和生产及持续的质量提升——背道而驰。它也可以被视为一个盲目自大的项目，因为明显偏离了首席执行官埃伯哈德·冯·库恩海姆的成功战略——在坚实基础上步步为营、稳步发展。

宝马将关键任务外包给外部公司的策略显然很不走运，混乱和随之而来的延误使这家德国公司损失了巨额财富（据说相当于参加一级方程式一整年的预算）。表面上看，它并没有带来任何有用的成果，至少在短期内是这样的。但当M1可以无可争议地被视为一项赛事和商业项目的失败时，它又有充足的理由作为设计和驾驶机器的成功典范，并能在汽车发展史中占据重要地位。为比赛设计的汽车很少能成为合格的公路用车，但宝马凭借非凡的技能，让M1在20世纪70年代末期华丽地打破了这个惯例。

也许更重要的是宝马从这次永不会再重复的赌博中学到的教训，这是自那时以来一直对宝马赛车运动有限公司和随后的M有限公司非常有利的一课，即谨慎对待一次性项目和独立的周边业务，并继续开发令人兴奋的高性能M汽车，这些汽车不仅能从最大规模的经济体中受益，而且还能将魔力洒在人们可以实际购买的汽车上。

时间是伟大的治愈者。M1项目当时的经验虽然苦涩且昂贵，但这个经常被批评的项目不仅给我们留下了一辆备受赞赏的汽车，在更重要的大局观方面，M1项目还教会了宝马运动部门一些痛苦的教训。这些教训很快就被采纳，并使敏捷的宝马能够迅速领先于所有其他制造商并生产出真正高性能的公路汽车，这些汽车受到世界各地爱好者的喜爱。

M1

车型和代号	
M1, E26	
成名之处	
开创性的超级跑车项目	
生产时间	
1978—1981	
产量	
399 辆公路用车，54 辆赛车	
起售价格	
DM 100000（€ 51100）	
发动机型号与类型	
S88，直列六缸发动机，DOHC，24 气门	
排量 /mL	
3453	
最大功率 /hp@r/min	
277@6500	
最大转矩 /N·m@r/min	
330@5000	
变速器和驱动系统	
5 速 ZF 手动变速器，后轮采用 40% 限滑差速器	
前悬架	
双叉臂式悬架系统、螺旋弹簧、气体减振器	
后悬架	
双叉臂式悬架系统、螺旋弹簧、气体减振器	
车身形式	
两门中置发动机跑车	
净车重 /kg	
1300	
最高车速 /(km/h) 和 0—100km/h 加速用时 /s	
250; 6.5	
年度产量	
1981	55
1980	251
1979	115
1978	29
总计	450

有关车型数据来源，参见 221 页。

1980年代
M3、M5、M6——
第一代翘楚

第一代M轿车带来了
非凡的性能

首款M3在宝马赛车部门推出M5和M635CSi两年后上市，但其影响力和重要性远远超过前者。作为一款充满活力且敏捷的公路赛车，它成为了此后所有M系车型的灵感来源

想象一下这些套路式的的画面:大波浪卷发、夸张的职业装和赢家通吃的竞争文化,这是 20 世纪 80 年代的缩影之一,那时也常常被视为监管宽松、工资丰厚、企业肆无忌惮的十年。就宝马而言,它避开了股市最糟糕的时刻,但在帮助新一批喝香槟的年轻高管们花掉他们膨胀的奖金方面是一把好手。3 系和 5 系车型的声望和强大的、锐利的操控形象与那个时代咄咄逼人的城市类型完美契合;宝马体现的略带叛逆的性格使其成为新贵们用以嘲弄他们那些在老派的梅赛德斯和捷豹中的古板长辈们的理想武器。

帮助塑造这一形象的是高曝光的 M1 超级跑车——尽管它是一个商业灾难——以及在更有限的层面上,1983 年的 F1 世界锦标赛,它拥有有史以来在赛道上看到的最强大的发动机。然而对于那些对高性能充满热情的人来说——即使他们有着充足的银行账户余额,宝马也几乎无法提供足够快或足够激烈的车型来吸引他们,自 2002tii、Turbo 和大型六缸 E9 轿跑车的鼎盛时期以来,已经过去了近十年,而于 1976 年推出的优雅的巴拉克风格的 6 系旗舰车型被证明更像是一辆豪华 GT,而不是一款能让人心跳加速的运动机器。

优雅的化身:M635CSi,第一辆公路版 M 车型

幸运的是,宝马并没有让这些潜在客户等太久,尽管 1983 年法兰克福车展上发布的 M635CSi 尽力避免宣扬其备受期待的高性能规格。它的举止如此沉稳和优雅,以至于很少有人会猜到它的机舱盖下跳动着来自强大的 M1 跑车的六缸 24 气门心脏。事实上,除了更深的前空气坝和略微宽一点的锻造铝合金轮毂之外,几乎没有细节表明这是一台真正具有非凡速度和动力的机器。作

▼ 核心亮点:M1 的 M88/3 直列六缸发动机,每缸四气门,输出功率达 286hp,这让 M635CSi 在性能、操控性,尤其是在激烈驾驶时发出的美妙声浪方面独树一帜

▼▼ 优雅低调却极具威力,首款量产 M 车型是 1984 年的 M635CSi,在美国被称为 M6,它将保罗·布拉克设计的 6 系轿跑的永恒优雅与源自 M1 超级跑车的 24 气门直列六缸赛车血统融合在一起。与其后继车型一样,其高昂的售价体现了其复杂的工程技术和精致的配置

历代大型宝马轿跑车型都难以超越原版 M635CSi/M6 的优雅风范和经典设计

为宝马公司的明显合乎逻辑的工程和商业举措，M635CSi（在美国和日本市场将被重新命名为 M6）正是每个人都在等待的东西。就像 20 世纪 70 年代的 2002tii 一样，它帮助建立了半个世纪以来一直持续成功的 M 车型的模板：高技术水准的、最先进的发动机和传动系统以提供令人兴奋的性能，匹配以大幅升级的底盘、转向和制动系统，但几乎没有明显的外观变化来炫耀这些优势。

对于工程师来说，创造 M635CSi 是一项相对简单的工作，因为标准车型已经具有很高的水准。M1 的 M88 24 气门发动机直接安装到位。仅有的重大变化是采用了隔板式湿式油底壳、不同的活塞和连杆，以及增加了博世的复杂 Motronic 发动机管理系统，以帮助提高效率并将功率略微提高到 6500r/min 时的 286hp。对于一辆重量略高于 1500kg 的汽车来说，这是一个相当大的功率输出。它通过一个 5 速格特拉克手动变速器把强大动力输送到安装了 25% 限滑差速器的后轴。底盘升级包括前后更硬的弹簧和 Bilstein 减振器，以及更重的防倾杆和更大的 300mm 前通风制动盘。为美国和日本市场配备催化器的 M6 版本使用了稍有不同的 S38 发动机，具有更温和的进气系统、更低的压缩比并缩减了 30hp 的功率。底盘保持了标准的车身高度。

作为他们追求完美平衡操控的彻底性的证据，M 部门工程师加快了循环球转向系统的响应速度，并将蓄电池移到行李舱以确保最佳重量分布。内饰的唯一变化是速度表表底读数高达 280km/h——这并不远超过 CSi 的最高速度——以及一个精致小巧的 M 标志嵌入转速表中。不过不出所料的是，其性能非常出

▲ M635CSi被迅速投入到房车赛中,作为传奇车型3.0CSL的精神继承者,它的赛车生涯持续到20世纪80年代末

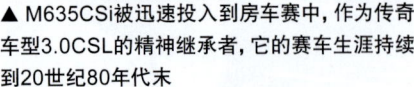

▼ 为20世纪80年代而装扮:首款M535i基于E12 5系车型打造,并不是真正的M车型,而是一项使用常规3.5L发动机的车身改装项目

▼ 误入歧途:尽管1985年M535i配备了M标志的格栅、前方气动扰流板和侧裙塑料包边,但它依旧仅搭载标准的218hp发动机,更像是一项造型改装,而非真正的M车型

色,0—100km/h加速仅需6.4s——这是一个放在今天仍然很可观的数字。同样,标称的255km/h的最高速度使CSi成为当时最快的四座轿车之一。底盘的改变巧妙地处理了大型GT可能遇到的过多动力和负载的问题,但它们绝不会影响其作为一款极其快速且舒适的适于长途旅游的GT车型身份。直列六缸发动机加速到红线时的惊人赛道声音可能是M部门工程师唯一真正认可的放纵,这也再次为未来几代M车型设定了流行趋势。

然而,批评集中在新车型的高昂价格上:推出时的价格接近9万德国马克(相当于今天的8.7万美元),几乎是6系入门级车型的两倍。但这并没有对买家造成多大阻碍,CSi在五年的生产周期内总共售出了近5500辆,在此期间,该车保持了独特性和吸引力,几乎没有任何变化。事实上,高昂的价格一直是宝马M车型的特点,而作为第一款真正M型车的极高声誉使其成为爱好者和收藏家心中最令人垂涎的车型之一。

E28 M535i:一个错误的开始

宝马并不经常被另一家汽车制造商吓到,更不用说它的老对手了。但就在1983年秋天,当梅赛德斯-奔驰推出其190E 2.3-16时,整个汽车行业都感到震惊。这个习惯上沉闷和古板的斯图加特品牌在前一年通过推出的紧凑型190系列进入了宝马3系所占据的中档市场;也许让宝马感到欣慰的是,这个新来者证明了它开起来就像它更大的兄弟一样乏味。但奔驰已经去找英国的考斯沃斯合作以获得一款高性能的190衍生产品,众所周知考斯沃斯是世界上最成功的F1发动机制造商。这个消息让整个汽车行业大吃一惊——尤其是因为2.3-16在公路行驶状态下拥有185hp,并且显然是为了瞄准来年即将开始的新德国房车锦标赛而设计的。宝马的第二代3系E30已经在畅销,而且高性能衍生产品也在开发中,计划于1986年发布,但这还不足以抵御奔驰-考斯沃斯的威胁:也许是出于恐慌反应,公司匆忙发布了5系的运动版M535i。这是为数不多的让评论家失望的M型号之一,尽管与稀有的6系轿跑车共享M前缀和3.5L发动机排量,但M535i更像是一种面子工程，而不是真正的赛车工程开发项目。

其发动机来自标准5系的单凸轮轴12气门M30，功率为218hp；可选的密齿比变速器和自动变速器已经在普通5系的选装列表中，同样还有M规格的悬架和合金轮毂。与普通5系的主要区别在于其广泛的车身套件，它对空气动力学影响不大，但营造了汽车的高性能外观。从积极的方面来看，它的价格合理，为5万德国马克，并在生产的四年内售出了45000台。

E28：第一辆M5，低调外观强悍性能

幸运的是，那些负面消息在几个月内就转向积极：在1985年初的阿姆斯特丹车展上发布的M5与令人失望的M535i相比，表现得非常出色。它的外观比花哨的M535i更加沉稳，几乎与标准5系没有区别，唯一的标志是保险杠下方一个小小的正面进气格栅、特定的M型合金轮毂和格栅以及行李舱盖上的低调M5徽章。在内部，与M653CSi/M6一样，表底只到280km/h的速度表、带有嵌入式M标志的转速表、三辐M型方向盘和带有M标志的变速杆等能将它与较小的5系车型区分开来。

正如6系大型轿跑车再次优雅地证明的那样，真正重要的是隐藏在几乎不变的皮肤下的东西。最具吸引力，也是每个人都在等待的，是强大的24气门六缸M88发动机——这款直接来自稀有的M1、并且与M635CSi相同的发动机额定功

低调登场：首款"真正的"M5于1985年推出，外观故意设计得相对朴素，但其搭载了M1强大的24气门六缸发动机。卓越的性能结合奢华的舒适性和温和的驾驶特性，创造了一个全新的汽车类别

▲ 象征着重要意义的徽章：自1985年首款M5以来，M5这一名称代表着超级跑车的性能，配合低调而稳重的外观以及四人头等舱般的舒适性

▼ E30 M3从一开始就是一款毫不掩饰的赛车，并在20世纪90年代的房车赛车中占据主导地位，使其成为宝马历史上最成功的赛车

率为6500r/min时的286hp，同样与格特拉克5速手动变速器和后轴上的25%限滑差速器搭配使用。悬架、制动和转向系统升级也与M635CSi轿跑车保持一致。

与在宝马的丁戈尔芬量产线上生产的M535i相比，所有的M5实际上都是由M部门员工手工制造的，最初是在普鲁士街（Preussenstrasse）工厂，后来在宝马M部门将其总部迁至加兴（Garching）后，在那里进行了后期工作。M5以80750德国马克的价格推出或许反映了这种专业生产线的含金量，它比M535i的成本高出约50%。

再一次，有人批评其价格过高，但这种批评很快就消失了，因为人们意识到M5是真正特别的东西，它是此前从未见过的集诸多特性于一身的新物种。一方面，它非常精致，易于驾驶，可在城市和任何需要谨慎的地方驾驶；从这个意义上说，它和任何其他六缸5系一样丝滑甜美，甚至乘坐舒适性也很好。另一方面在开阔的道路、高速公路甚至赛道上，通过控制档位进行加速直到令人兴奋的7000r/min红线时，它能够释放出完全更令人惊叹性能。由于升级了底盘，它在路上的姿态也非常出色。

总体而言，这是一辆保时捷级别的性能车，但可以舒适地容纳四名成年

将标准E30 3系改造成M3的改装工作比该车型低调的外观所暗示的要复杂得多。最明显的外观标志包括鼓起的轮拱、侧裙塑料包边，以及带有大型扰流板的高耸后车顶线条

人。这些卓越的属性使其在市场上独树一帜，并为所有即将推出的 M5 车型奠定了基调：精心设计、配置齐全、外观低调，但在需要的时候却异常迅猛。

E30 M3：引起轰动的公路赛车

就宝马 M 部门来说，E30 M3 是巨人，是重大突破。虽然第一代 M3 比先于它上市的 M5 和 M635CSi 更小，但它的影响力和销量都更大。从 1986 年首次推出到 1991 年最后一款敞篷车离开生产线，E30 M3 共生产了近 18000 辆。

最重要的区别在于 M 部门对汽车的态度：与其他从"文明"的轿车开始、然后增强其公路性能的路径不同，M3 一开始就毫不掩饰地是一辆赛车，旨在赢得比赛，只是调校得稍微容易驯服些以供普通客户使用。M3 的目标包括德国 DTM 锦标赛和世界各地的房车锦标赛，这需要建造和销售五千台初始认证批次。因此，M3 的组装在米尔博特斯霍芬的宝马主工厂进行，传动系统由专门团队在一条侧线上建造。

鉴于宝马在四缸 M10 发动机及其在比赛中的 16 气门发动机方面丰富的经验，M3 的动力总成选择非常简单。气缸和冲程被拉长以提供 2302mL 的排量，早期原型发动机甚至采用了 M88 的 24 气门缸盖的缩减版本。S14 单元最初的功率输出也令人振奋，在非催化形式下在 6750r/min 时可达 200hp。早期的排气后处理系统消耗了部分功率，但后来的版本通过改进的电子燃油喷射和电子

▲ ▶▶ 量产的M3车型对普通消费者来说只是在街道使用上稍微收敛了一些，而为赛事目的升级的EVOLUTION版提供了更加刺激的驾驶体验。最终的Sport Evo版本，特征为发动机上的红色点火线圈，发动机排量增大至2.5L，功率达到238hp

▶ 敞篷版本的推出进一步扩大了M3的吸引力，使其客户群超越了原本核心的运动型车

元件提供了与非催化的型号相同的输出。

欧洲市场的版本配备了带有直齿式一档的密齿比五速变速器，而美国和日本则配备了传统的 H 型超速档五速变速器。两者都有 25% 限滑差速器。标准悬架经过了大幅度的修改，包括更短更硬的弹簧、重新定位的防倾杆、特殊的减振器，并在前部增加了更多的转向偏转角。转向齿比被加快，轮距加宽，制动盘直径扩大到 280mm 前通风盘和 282mm 后实心盘。标准轮胎配备是 15in 辐条合金轮毂上的 205/55，后来 16in 轮毂也开始出现。

外观方面几乎一切都变了。光滑的四个轮拱容纳了更宽的轮胎轮距，车头和车尾经过细小的改变以改善气流和冷却，行李舱盖抬高、后窗重新倾斜以改善整体空气动力学。内饰的变化仅限于运动座椅、为两名乘客设计的后排座椅以及仪表板上的油温表代替了转速表中的经济计数器。一些限量版车型在仪表板上还带有编号牌。

为了提升公路性能，M3 重仅约 1200kg。这种轻量化与近 200hp 的发动机输出相结合，提供了令人陶醉的性能。宝马声称 6.7s 即可从静止加速至 100km/h，但实际在杂志完成第一次测试后就超越了官方数据，车评人的反应几乎是一致的赞美。"它实际上是一辆可以在路上舒适驾驶的赛车，"戈登·克鲁克山科（Gordon Cruickshank）在《Motor Sport》杂志上写道，"而且这样的车并不多。"

但与早期 M3 所提供的数字相比，更令人印象深刻的是它的实际表现。这

是一个原始而现成的赛车，它渴望抓住任何稍纵即逝的机会飞速驶过：最轻微的加速踏板移动都会迫使它紧急向前跳跃，稳健的驾驶和快速转向相结合，使其具有几乎超活跃、赛车般的响应性和参与感。很难想象 M3 与一年前发布的苗条的、超级复杂的 M5 出自同一部门之手，许多人认为这是 M 部门卓越水平的证据。如果那些第一批 M3 有任何缺点，那就是档位不清晰（一档向后并向左），在巡航速度时的噪声，以及至少对于英国人来说，所有 M3 都是左舵车的无奈事实。

当时，宝马可能并没有意识到它正在催化一种现象：这将演变成一场功率军备竞赛，并将在接下来的三十年里主导高性能汽车领域。初始的房车规则规定了必须销售五千辆公路车以获得 Group A 比赛的认证。现在，这些规则的扩展还允许"EVOLUTION"组件被安装在赛车上，只要售出了超过五百辆带有这些部件的公路车。因此，M3 与其赛道竞争对手一起，经历了一系列的近乎一年一度的升级，这些反映在公路车型上就是不断增加功率和性能的限量版 EVOLUTION 车型。这些升级的终点是 1990 年年初的 2.5L、7000r/min、238hp 的 Sport Evolution。

这是宝马核心理念的又一个鲜明例证——利用赛道经验直接惠及宝马爱好者。在 M3 成功的情况下，它造就了一些真正令人难忘的车型，对于哪些变体和特殊版本才是最纯粹、最令人兴奋的 M3 精神的表达，仍然仁者见仁。尽管第一代 M3 的产量超过 1.7 万辆，但它已经有了一批相当忠实的收藏家；一些最受追捧的版本的价格已接近六位数美元。这足以证明，它确实是一款伟大的车型。

一个罕见的失误：E31 M850 CSi 和 M8

在宝马的历史上，错误的转弯和失误是罕见的，但 1989 年的 850i 绝对算一个。线索来自大型轿跑车的车型代码：E31 将其按时间顺序置于 1982 年推出的 E30 3 系和 1986 年首次亮相的第二代 7 系（E32）之间，但为什么会有多年的延迟？

宝马本意是让它作为技术旗舰整合宝马所有的创新水平，但 850i 的复杂性并不是唯一的问题。管理与营销的犹豫也是主要因素，这一点后来得到了证实，即 M 部门工程团队已经开发了一个高功率的 M8 版本，但在最后一刻被取消了。

相反，该车型于 1990 年春季以 850i 的身份推出，由 7 系的大型 V12 发动机提供动力，并配备了宝马技术秘籍中的全部，包括主动后轴运动学以提高高速稳定性、触摸车门把手时玻璃降低几毫米的无框车门以及首次在量产车上使用的六速手动变速器。850i 精致的 300hp 和很高的道路行驶水准令人印象十分深刻，但与它取代的原型 633i 一样，令人心动的因素在很大程度上仍然缺失。它给人的感觉很大很重,组装工艺很差,失去的东西令人感到遗憾。

三年后,各种潜力以850CSi的形式出现。虽然它没有贴上任何M品牌标志,但这款车型实际上是M有限公司工程团队的作品。24气门发动机排量增大到5.6L,压缩比提高到9.8:1——这足以将功率提升到380hp,并将0—100km/h的加速时间缩短到6s以内。CSi还配备了增强型悬架、更快的转向和四排气管。它也是第一批可以通过中控台上按钮来调节节气门灵敏度的汽车之一。新版本获得了稍好的媒体评论,但对推动缓慢上升的销量没有多大帮助。许多车评人更喜欢一年后推出的轻巧且前部较轻的840i V8。但所有人一定都留下了同样的想法:如果以M8的形式,配备扩大的48气门V12发动机,输出超过550hp,会有多么令人惊叹?只有少数有门路的人有机会试驾原型车,但至少S70发动机的遗产得以延续——它是保罗·罗斯切开始开发636hp V12发动机的起点,这款传奇发动机使迈凯伦F1保持世界上最快的跑车纪录长达十五年。

然而,到这个时候,宝马及M有限公司工程师已经有了更大的目标。该公司即将陷入购买罗孚带来的十年动荡,而宝马赛车运动有限公司则转变为M有限公司,并拥有更广泛、更积极的商业使命。正如我们将在第6章中看到的那样,M有限公司工程师们正在进入他们的巅峰状态,并为一系列伟大的作品奠定了基础。

许多人认为850i是宝马的一次错误选择,其重型V12发动机提供了豪华旅行的舒适性,但并未满足品牌爱好者在大型轿跑中所追求的灵活刺激。后来的850CSi由M有限公司开发,增强了动力并优化了底盘,但宝马拒绝为其贴上M8的标志

M635CSi & M6 (E24)

车型和代号
M635i/M6, E24

成名之处
第一辆佩戴M标志的公路车；使用M1的24气门发动机；一款极佳、优雅的GT

生产时间
1983—1988

产量
5331

起售价格
DM 89500 (€45750)

发动机型号与类型
M88/3型，直列六缸发动机，DOHC 24气门，博世燃油喷射系统

排量/mL
3453

最大功率/hp@r/min
286@6500

最大转矩，N·m@r/min
340@4500

变速器和驱动系统
5速手动变速器，后驱

前悬架
麦弗逊式悬架

后悬架
半拖曳臂式悬架系统，螺旋弹簧

车身形式
双门跑车

净车重/kg
1510

最高车速/(km/h)和0—100km/h加速用时/s
255; 6.4

年度产量

年份	产量
1988	406
1987	1442
1986	602
1985	1477
1984	1399
1983	5
总计	5331

相关车型数据来源，参见221页。

M535i & M5 (E28)

车型和代号	M535i, E28	M5, E28
成名之处	经过车身套件改装的535i并不是一款赛车产品，却为真正的M5铺平了道路	第一辆真正的手工打造的M车拥有朴素的外观，但得益于M1的24气门发动机，其性能却令人惊叹；高昂的价格反映了巨大的工程投入
生产时间	1984—1988	1984—1988
产量	10119	7468
起售价格	DM 49400 (€25250)	DM 80750 (€41300)
发动机型号与类型	M30B34，直列六缸发动机，SOHC 12气门，博世燃油喷射系统	M88/S38，直列六缸发动机，DOHC 24气门，博世燃油喷射系统
排量/mL	3430	3453
最大功率/hp@r/min	218@5200	286@6500
最大转矩，N·m@r/min	310@4000	340@4500
变速器和驱动系统	5速手动变速器，后轮驱动，限滑差速器	5速手动变速器，后轮驱动，限滑差速器锁止率25%
可选装的变速器	密齿比5速手动变速器；4速ZF自动变速器	无
前悬架	麦弗逊式悬架	麦弗逊悬架、充气式减振器
后悬架	半拖曳臂式悬架系统和螺旋弹簧	半拖曳臂、螺旋弹簧、气体减振器
车身形式	四门轿车	四门轿车
净车重/kg	1414	1430
最高车速/(km/h)和0—100km/h加速用时/s	230; 7.2	245; 6.5

年度产量（M5）

年份	产量
1988	36
1987	1818
1986	2188
1985	3380
1984	46
总计	7468

M3 (E30)

车型和代号		
M3, E30	M3 Evolution II, E30	M3 Sport Evolution, E30
成名之处		
M系列真正的鼻祖：纯粹、响应迅速、令人激动的公路赛车；无论走到哪里都是赢家，至今仍因其硬核驾驶体验而备受推崇		
生产时间		
1986—1989	1989—1990	1989—1991
产量		
17970（所有版本）	1512	600
起售价格		
DM 59800（€30575）	—	DM 93250（€47675）
发动机型号与类型		
S14B23 直列四缸，双顶置凸轮轴，16气门，博世数控发动机电子系统	S14B23 直列四缸，双顶置凸轮轴，16气门，博世数控发动机电子系统	S14B23 直列四缸，双顶置凸轮轴，16气门，博世数控发动机电子系统
排量/mL		
2302	2302	2467
最大功率/hp@r/min		
200@6750	220@6750	238@7000
最大转矩/N·m@r/min		
240@4750	245@4750	240@4600
变速器和驱动系统		
5速手动变速器，后驱，25%限滑比	5速手动变速器，后驱，25%限滑比	5速手动变速器，后驱，25%限滑比
可选装的变速器		
5速超速档（美国）	5速超速档（美国）	5速超速档（美国）
前悬架		
麦弗逊式悬架	麦弗逊式悬架	麦弗逊式悬架
后悬架		
半拖曳臂，螺旋弹簧	半拖曳臂，螺旋弹簧	半拖曳臂，螺旋弹簧
车身形式		
两门轿跑车和敞篷车	两门轿跑车	两门轿跑车
净车重/kg		
1200（敞篷车1360）	1200	1200
最高车速/（km/h）和0—100km/h加速用时/s		
235; 6.7	241; 6.7	248; 6.5

年度产量	
1991	300
1990	2600
1989	2721
1988	3556
1987	6396
1986	2396
1985	1
总计	17970

850 CSi (E31)

车型和代号
850 CSi, E31
成名之处
V12旗舰车型在创新方面表现突出，但在作为跑车方面未能令人信服
生产时间
1992—1996
产量
1510
起售价格
DM 180000（€92000）
发动机型号与类型
S70B56是一款V型12缸发动机，配备24个气门，采用博世Motronic发动机管理系统
排量/mL
5576
最大功率/hp@r/min
380@6300
最大转矩/N·m@r/min
550@4000
变速器和驱动系统
6速手动变速器，后驱，限滑差速器
前悬架
麦弗逊式悬架
后悬架
包含主动车轴运动学的多连杆系统
车身形式
双门跑车
净车重/kg
1880
最高车速/（km/h）和0—100km/h加速用时/s
250（电子限速）; 6.0

年度产量	
1993	385
1992	1125
总计	1510

1990年代
迈向巅峰

6

6缸M3和V8 M5
将动态性能标准
推向新的高度

在路上，第二代M3表现得更加沉稳。它不像前辈们那么神经质，取而代之的是如同一台豪华GT一般的淡定

1988年，第二代M5在性能、复杂性和风格上都实现了显著提升；1992年，增加了旅行车版本

对宝马来说，20世纪90年代是一个深刻变革的时代。当这个十年开始时，这家公司是一家勤奋且备受尊敬的德国汽车制造商，拥有三条利润丰厚的优质产品线以及几款小众车型。尽管其年销量已超过50万辆，但其生产基地仍牢牢扎根于德国，是世界上大多数地区的成功出口商。

然而，快进到千禧年之交，宝马已成为一个全球性商业帝国的中心，负责6个不同品牌的数十款车型从上至下的全谱系，每年销售超过110万辆汽车，它还在美国、英国和奥地利等地进行制造。唯一的瑕疵是，宝马的管理层正在努力摆脱自己制造的混乱局面——1994年的罗孚收购案。与此同时，宝马M有限公司一直远离争吵，成为一片平静的工程卓越之地。这使得M系列能够继续做它一直以来做得最好的事情，生产出高性能版本的优秀宝马产品——尽管其中夹杂着一些古怪而有争议的转折。

E34 M5：沉稳的商务套装，一击必杀

对于M车型的常规和忠诚买家来说，令人沮丧的一点是，从基础车公开亮相到运动版本出现需要很长时间。对于E30 M3来说，它的亮相距离普通E30发布已经过去了四年之久，也许是因为还涉及一个比赛项目，基于E28的第一辆M5的等待时间也只略短一些。

鉴于该车令人难以置信的成功,更不用说迅速曝出的后续车型规划,它的继任者来得越快越好——以 7 系风格吸引了大量好评的 E34 新 5 系。第二代 M5 于 1988 年秋季亮相,距离 E34 的诞生还不到两年时间。这是 M5 车型精神的另一个里程碑,值得一提的是,即使在竞争对手品牌中,它仍然没有任何接近的替代品。

乍一看,赛车工程师们坚持了相同的最为谨慎的成功公式,仅对四门车身添加少量空气动力学设计。一个技术亮点是独特的"涡轮式"轮毂设计,其中一个特殊的内部镁制转子将额外的气流引导到内部以冷却制动系统。

在机舱盖下,S38B36 发动机进一步得到提升,通过锻造钢曲轴增加冲程,将排量提高到 3535mL。同样新的还有 M 车型的第一个可变长度进气歧管,旨在实现低转速下的强劲响应而不牺牲高转速功率。S38 发动机在 6900r/min 的转速下产生了约 315hp 的动力,保证足以让驾驶者在 6.3s 以内冲刺到 100km/h 的过程中肾上腺素激增,然后达到 250km/h 的限定最高速度。M5 发布三年后,发动机排量再次扩大到 3.9L,使其成为宝马最大的六缸发动机,功率在相同转速下提升至 340hp。1992 年,宝马推出了一款旅行车版本作为惊喜,而 1994 年则将六速手动变速器作为标准配置。

▲ S38直列六缸发动机排量扩大到3.6L,后来又增至3.9L,配备了可变长度进气歧管,使其在不牺牲强劲高转速功率的前提下,拥有强大的低转速转矩,其峰值功率达到340hp,静止加速到100km/h仅需5.9s

▼ 这一代E34 M5大部分是在宝马赛车部门位于靠近慕尼黑主厂区的加兴(Garching)的总部工厂中手工组装的

保持低调：即使作为一款表现极其出色的车型，M5从未需要通过视觉附加件来炫耀其强大的动力；内饰同样展现出低调奢华的效果，而非赛车风格的激进设计。

然而，令北美客户感到沮丧的是，M5于1993年在该地区停产，据称是因为刚刚发布的540i，其4L V8发动机产生了与直列6缸赛车发动机相似的功率水平。为了弥补这一遗憾，该公司推出了200辆限量版540i Sport车型，该车型将M规格的底盘升级和V8发动机相结合，有些甚至配备了六速变速器。

所有E34 M5车型都配备了M部门惯用的全面的底盘升级套件，包括更硬的弹簧、阻尼器和防倾杆，以及轴上的最新弹性动力学技术以提高高速稳定性。从一开始，结果就令人震惊——很明显，这款1989年的产品是平稳易驾的日常驾驶和令人陶醉的动力和性能的更加出色的结合。但最具说服力的评论可能来自当时的车评人，例如《Motor Sport》的威廉·金伯利（William Kimberley）：

它的性能似乎与其古板的外观相矛盾。0—60mile/h（1mile=1.6km）用时6.3s的惊人时间将该车带入超级跑车行列，但性能并没有就此止步，因为它会持续下去。最高时速由电子控制以不得超过155mile/h，但在达到那里之前，它将超过几乎所有其他品牌的汽车，除了少数几款稀有且非常昂贵的超级跑车。

它不仅是慕尼黑工厂生产出的最好的汽车之一，而且是任何时候离开任何工厂的最佳汽车之一，无论是作为宝马声称的最快的量产四门轿车，还是作为任何其他类型。现在宝马工程师面临的唯一问题是如何跟进它，因为他们已经为自己设定了一个很难超越的标准。

毋庸置疑，正如我们在本章末尾所看到的那样，宝马确实成功地在1998年的E39一代中超越了这款高点M5——但它需要一个雷鸣般的V8发动机来做到这一点。

E36：M3 成长了，不再是吵闹的叛逆者

当宝马第三代 3 系——E36 在 1990 年亮相时，它所传达的是一种不同的、更具争议性的声音，这似乎象征着时代精神的变化。

与宝马未来主义的研究中心刚刚开业同时出现的是新车全新的外观，包括整流罩式前照灯——尽管这引来了传统主义者的不断抗议。整个行业也在动荡之中，保时捷几乎破产，梅赛德斯－奔驰亏损巨大。宝马虽然财务状况良好，但也有自己的内部变化需要处理：首席执行官埃伯哈德·冯·库恩海姆离职，这位成功的高管曾将公司揽入怀中并带领其取得惊人的连续 23 年增长；以及一名名叫克里斯·班戈的美国人来到了宝马的设计工作室。关于他，稍后再说。

所有这些都为接下来的惊喜提供了背景——而且这一次是由宝马 M 部门自己提供的。随着即将退役的 E30 M3 仍在赢得比赛，并且在发烧友社群中享有盛誉，许多人预计其继任者将继续构建这一高度成功的公式，即一款锐利、源自赛车的发动机和经过多年比赛经验打磨的硬朗底盘。但与生来准备好的赛车不同，新的 E36 M3 呈现出了完全不同的面貌：它是一款精致的 GT 轿跑车而非轿车，并配备了大而平顺的六缸发动机。因此，从某种意义上说，它似乎更符合大型六缸 CSi 轿跑车的传统，而不是对其轻量级四缸前身的忠实后续。

排气系统说明了一切：在1998年的版本中，M5换装了V8发动机，成为400hp运动轿车俱乐部的创始成员。许多人认为这一代是所有M5中最出色的一款

与第一代M3一样，敞篷版的推出使该车型在豪华和休闲领域的吸引力得以扩大。与此同时，增加了轿车版本，但轿跑版始终是最畅销的车型

任何质疑都随着钥匙转动、发动机起动至7250r/min红线的过程而消失。这辆车非常快，但方式却非常不同。有助于这一点的是，它的打造基础比上代车型相对应的底子更好：新的E36系列已经受益于更好的重量平衡和创新的Z轴后悬架，从而实现更温和的驾驶和操控。赛车工程师们在标准M50发动机上施展了魔法，将其变成了M3的S50B30，得益于进气侧的VANOS可变气门正时系统，这台发动机在7000r/min时产生了令人印象深刻的286hp。与此同时，底盘部门指定了更宽的轮距，以及更硬的弹簧、减振器和防倾杆，并配备了可变速比的动力转向。

与即将停产的上代车型形成鲜明对比的是，新M3没有赛车风格扰流板或分离器。与普通3系相比，唯一可见的区别是更低的车身高度、专门设计的轮毂、更宽的轮胎、低调雕刻的侧裙和后扩散器。M3从更大的M5中汲取了教训，显然不再是吵闹的叛逆者：它已经长大并变得体面，其新的焦点体现在双门轿跑车迅速被轿车和敞篷车型所补充，以扩大其吸引力。

这是一个非常成功的策略——尽管最初的反应，尤其是来自专业媒体的反应并不热烈，但新M3在六年的生命周期内销售了超过七万辆，是其前辈的四倍多。对于典型的买家来说，新车重了约20%，转向判断力较差或者底盘响应

1994年的限量版M3 GT是一款赛事规则下的公路特殊版,发动机功率提升至295hp,悬架系统降低并加固,还配备了一些额外的空气动力学部件,所有四百辆样车均以英国赛车绿装扮完成

速度较慢，但这些都并不重要：六缸发动机如耀眼的宝石主宰了一切，提供了像喷气机一样的加速能力，最终以令人陶醉的尖叫声达到红线。它更像是一辆直线冲刺车，而不适合小路和弯道。

然而，其复杂程度的提升是巨大的，这一趋势在1996年款车型得到了进一步加强，进一步的发动机迭代——S50B32——排量扩大至3.2L，带有轻型活塞、应用了VANOS可变气门正时系统的更大的24气门，以及更先进的发动机电子系统。结果是在明显激进的7400r/min时爆发惊人的321hp——这也

独一无二：为了庆祝《汽车、摩托车与运动》杂志创刊50周年，宝马赛车部门工程师在1996年开发了一款搭载M3发动机的紧凑型掀背车。尽管据称其性能惊人，但最终并未投入生产

是第一台升功率超过 100hp 的宝马量产车发动机。据称，这款发动机采用了在迈凯伦 F1 V12 项目中获得的经验，这是一个也打破了升功率 100hp 障碍的六缸发动机。与新发动机相配的是六速变速器，并且将汽车的 0—100km/h 加速时间缩短至 6.0s。

虽然宝马在欧洲的 M3 产品报价清晰且广受好评，但其在美国的政策却导致了不寻常的混乱和罕见的争议。最初，宝马北美公司以成本和排放合规性为由拒绝接受 M3。然而，宝马车主俱乐部的来信活动迫使他们重新考虑——尽管他们最终在 1995 年款车型获得的汽车功率仅为 240hp，远不及预期。为了省钱，S50 特征性的独立节气门体被牺牲掉了，可变气门正时连续部分也被舍弃了。更糟糕的是，转速限制被削减到 6000r/min，被砍掉的还包括美国客户要求的自动变速器。不过，底盘设置被保留了下来。

六速变速器很快催生了另一项发展，其首字母缩略词 SMG 在 M 品牌中多年来一直是一个臭名昭著的槽点。序列式手动变速器（Sequential Manual Gearbox，SMG）首次出现在 1997 年年初，它的使命是将手动变速器的快速换档和运动性与自动变速器的驾驶便利性相结合。这对美国市场来说很重要，也反映了 M3 作为身份象征同时也是一款运动工具的不断变化的角色的重要性。但是，将电液控制移植到曾经的手动六速变速器以消除离合器踏板并简化日常驾驶的方案并没有得到好评——早期汽车驾驶起来很顿挫且犹豫。即使通过推拉变速杆来手动换档，它们也可能反应迟钝。SMG 经历了两次进一步的迭代（在 E46 M3 和最终的 E60 M5 中），每次都引发争论。它最终在 2008 年被双离合变速器取代。

共有三个主要的 E36 M3 特别版被生产出来。M3 GT 于 1993 年生产了 400 辆，是一款符合比赛规则的特别版车型，发动机经过重新调校可输出 295hp。底盘设置得到加强，车门改为铝制以减轻重量，并且所有车辆都涂上了英国赛车绿。M3 轻量级是为美国买家准备的赛车车型，去除了舒适配置和隔声隔热材料以便充分利用其 240hp，而 Individual 则是限量版车型，拥有独特的空气动力学套件，但仅制造了 200 辆，加拿大和澳大利亚等其他市场也有自己的限量版。

E36 的普通 3 系有广泛的车身形式，除了旅行车之外，还包括了名为 Compact 的紧凑型掀背车、Z3 敞篷跑车以及 Z3 双门轿跑车等不少于七种车身形式，其中只有旅行车逃脱了 M 部门工程师的关注，Z3M 将在下面介绍。短小的 M Compact 是一个有趣的一次性产品，从未进入生产阶段。它是为庆祝德国《汽车、摩托车和运动》杂志创办五十周年而特别开发的，并发布了一些令人惊讶的性能数据，据报道它可在 5.2s 内由静止加速至 100km/h。

▲ ▶ 将强劲的六缸M3发动机装入之前温顺的Z3敞篷车,使其成为一款性能卓越但操控复杂的跑车;后来的Z3M轿跑同样迅速,但操控更加稳定

动力过剩:E36/7 和 E36/8 Z3M 敞篷车和轿跑车

1995 年秋季推出的 Z3 对于宝马来说标志着一系列重要转变。这是自 1988 年古怪而短暂的 Z1 以及三十年前具有里程碑意义的 507 以来,该公司的第一款双座敞篷车。事实上,Z3 的丰腴造型向后者致以了丰厚的敬意,包括曲线优美的腰线和翼子板上的宝马标志徽章通风口。更重要的是,它是在该公司位于美国南卡罗来纳州斯帕坦堡的新工厂生产的,这使其成为第一款完全在德国境外制造的宝马汽车。

技术上,它是基于当前 E36 3 系平台建造的,但有一个重要的区别:它没有使用那辆车广受赞誉(但也昂贵)的 Z 轴后悬架系统,而是采用了上一代设计得更简单的系统。宝马可能后悔做出这个决定,因为早期的新闻报道对 Z3 的动态性能和刚性进行了批评。更不利的是,首发车型都是低功率的 1.8L 和 1.9L 四缸发动机,尽管在长长的百叶窗式机舱罩下显然有足够的空间容纳一台全尺寸直列六缸发动机。

六缸发动机在次年确实到货了,从那时起,人们就开始猜测是否会增加 M 版本。显然,宝马工程团队内部存在一些异议,认为将如此强大的发动机放在可能不足以应对这种功率的底盘上是不明智的——但营销最终获胜,Z3M 敞篷车在 1996 年春季的日内瓦车展上亮相。

它看起来比标准 Z3 更宽更大，一个夸张的特征是后部的四排气管，这迫使牌照重新定位到后挡板。对于欧洲客户来说，机舱盖下是来自 M3 的备受喜爱的 S50 B32 发动机，它提供了独立节气门和双 VANOS 连续可变气门正时系统——当然，在一辆勉强超过 1300kg 的汽车中还有 7400r/min 时 321hp 的功率。相比之下，宝马为美国买家只提供了更简单的 S52 发动机，没有双 VANOS，仅输出 240hp。

可以理解的是，底盘部件都进行了大幅升级，后悬架和副车架也获得了额外的加固。在两座驾驶舱内有更多仪表、更多镀铬装饰，以及在后来的车型中出现的更多的皮革。最初的敞篷版车型没有电子牵引力控制或稳定控制系统，这使得它们的驾驶体验可能比宝马预期的更令人兴奋。毫无疑问，这是一辆轻便但非常强大的汽车，但需要驾驶者对加速踏板给予极大的尊重，尤其是在潮湿天气下。从这个意义上说，它唤起了人们对 2002 Turbo 的记忆，同时也证实了那些资深工程师所报告的担忧。不久之后，ASC+T 牵引力控制被增加进来，但由那些决心在 Z3 中体现 M 品牌精神的工程师主导的更大的改进也正在进行中。

在 1998 年法兰克福车展的发布会让人既震惊又"惊悚"：在旋转展台上有一个比例奇怪的混合体，一个截短的掀背版驾驶室被嫁接在跑车的长鼻和风窗

玻璃上。后风窗玻璃几乎是垂直的,增加了汽车看起来和车长一样宽的印象,而四排气管又增加了重度改装车的印象。有趣的是,新的硬顶跑车的首席设计师马库斯·西林格在接受本书作者采访时透露,他对新版本的主要灵感之一是20世纪60年代英国运动车标志性的MGB,特别是其中意大利设计公司宾尼法利纳参与的手动版GT轿跑车。"我想提供一个现代的诠释,"他说,"带有一点实用性、更大的行李舱空间等。"M轿跑车背后的工程设计旨在提供比敞篷版更坚固的结构,至少对于那些能忍受古怪外观的人来说,它奏效了。这辆车的速度与敞篷车型一样快,但它的动态性能更好,更加紧致和精准。就像敞篷版一样,M轿跑车针对美国市场配备了特定的低功率S52发动机,针对其他市场配备了更强大的S50发动机。然而,这两个型号都曾短暂停产,几个月后又重新推出的是为所有市场都配备了全新的发动机——从欧洲版E46 M3的单元发展而来的S54,并配备了所有最先进的进气控制技术,因此可以提供令人印象深刻的325hp。

这一后期的改进使两款车型都在2002年以相对较高的水平退出,并为不久后的Z4腾出舞台。如果Z3证明了什么,那就是薄弱的底盘很少是真正可靠的M车型的最佳起点——而这,除了古怪的M Coupe以外,并不是M部门脸上的光彩。

E39:V8动力让M5成为史上最伟大的车型

许多人认为,这一代E39是所有M5中最优秀的。有人则进一步认为,这辆车应该被视为M品牌神话中的一个伟大作品。无论如何,E39毫无疑问是M5的一个特殊化身,它因首次将八缸发动机引入生产线而令人难忘。

自1998年的E39 M5以来,四出排气管已成为所有M系车型的标志性特征。然而,尽管拥有400hp的强劲动力,M5的整体外观仍然保持低调和不具侵略性

在1995年新一代E39 5系车型推出时，上一代M5已于同期停产，M部门在开发新M5的过程中出现了近四年的令人沮丧的空白期，在此期间，M5的名称从宝马阵容中缺席。但等待是值得的，额外的工程时间使升级到更大的、更重的发动机得以无缝实现——这显然是第一次就做对了。新M5的开发是如此正确，事实上，在丁格尔芬工厂生产的四年半时间里，这款M5几乎没有进行任何更改。这与之前的M5形成鲜明对比，之前的M5主要由M部门在其加兴基地手工制造。

新M5的开发过程有许多重大障碍需要克服，其中最不言而喻的是M爱好者中直列六缸发动机的忠实粉丝。许多人被M3和即将退役的M5上高转速六缸发动机的出色平顺性、强大动力以及令人兴奋的声音所吸引，以至于转向V8动力似乎是一种背叛。从积极的方面来看，全铝V8发动机的长度更短，使其能够放置在底盘更靠后的位置，以实现更集中的重量分配，并且有望获得更大的功率和转矩。

标准版E39 5系因其高质量、动态性能、舒适性以及大多数版本的性能而备受赞誉。悬架系统中大部分已经使用了铝制部件，并得到了加强和加固。在后轴，一些传统的衬套被钢制球铰取代以实现最大的精度；弹簧升级并缩短以降低行驶高度；M型轮毂和轮胎让后部更宽，以便在强劲的动力下保持前后轴的平衡。

外观则一如既往地低调：一个微妙的更大的格栅环绕，克制的侧裙板延伸。尽管有更宽的轮子，但整体十分低调，至少直到你从后面以外的视角看它的时候是这样。随着四排气管从扩散器升起，并且车外侧的宽轮胎清晰可见，车尾

典型的M5风格，外部设计平静而低调，内饰则体现出克制的典范。请注意转速表，红线随着发动机从冷起动到温暖状态而逐渐上升

视角则显示了 M 部门工程师打造这款 M5 时有多么认真的态度。

再一次，发动机成为了全场的明星。基于 540i 的 4.4L M62，M 部门改装的 S62 排量被扩大到 4941mL，每侧配备了完整的双 VANOS，以及特殊的活塞，压缩比为 11.0:1。可由驾驶员操作的 M 驾驶动态系统能以两种模式控制每个气缸的独立节气门。在持续高 g 值转弯时，半干式油底壳润滑系统中的两个机油泵负责保证润滑需求。S62 的标杆功率数字也是一个亮点：精确为 400hp，标志着 M5 成为第一个达到这个里程碑数据的四门轿车。将如此巨大的输出功率传递给后轮限滑差速器的是六速手动变速器（没有提供自动变速器）和一个增强的离合器。为了保持驾驶正常，这使 M5 成为第一辆配备动态稳定控制系统（DSC）的 M 车型。重要的是，对于赛道日驾驶员来说，该系统可以关闭。

一旦开起来，任何关于将 M5 改为八缸动力会使其变成美国 V8 肌肉车、没有转速需求的担忧都被迅速驳斥。大量的低速咕噜声和令人愉悦的隆隆声从四排气管中发出，随着转速飙升和声音渐强，这款车似乎有无穷无尽的动力。这是一辆非常强大且令人上瘾的汽车，它在加速方面如此迅猛——一些杂志测试员在短短 4.8s 内就能从静止加速到 100km/h——以至于需要密切关注车速表以避免在下一个弯道到来时进弯速度太快。然而，幸运的是，制动系统和底盘都足以胜任这项工作，并且驾驶员的参与感十分强烈，尤其是与后续车型相比时，后续车型无处不在的数字电子设备似乎破坏了来自路面的信息的真实性。正如 M5 的传统一样，当 M5 被温柔地驾驶时，这辆车能保持足够的精致和礼仪。

M5 还配备了一个高豪华规格的舒适内饰，可以满足当代客户要求的一切。一个特别的乐趣是 M 仪表包，其中转速表的红线随着发动机从冷起动开始逐渐升高，当发动机达到全负荷温度时，转速可达 7000r/min。就像同期生产的 E46 M3（见第 7 章）一样，E39 M5 代表了在汽车前数字时代真正企及纯超跑性能的宝马 M 车型的演变中的最高水准。因此，它确实值得被视为 M 历史车型中的一个伟大作品。

E39系列M5换装了4.4L V8发动机，使其拥有了极为广泛的轻松驾驶性能，精致的驾驶感受削弱了速度感。升级后的底盘和制动系统大量使用轻量化铝材，使得这款大型轿车在纽博格林赛道上的圈速达到了8'20"。S62发动机是首个突破400hp门槛的发动机，其开发基于540i所搭载的发动机

M5 (E34)

车型和代号	
M5, E34 (3.6)	M5, E34 (3.8)

成名之处

原版M5的后续版本速度更快、做工更精细，外观也更加低调

生产时间

1988—1992	1992—1995

产量

12254 (总共)

起售价格

DM 101800 (€52000)	DM 120000 (€61400)

发动机型号与类型

S38B36，直列六缸，双顶置凸轮轴24气门；博世燃油喷射系统	S38B36，直列六缸，双顶置凸轮轴24气门；博世燃油喷射系统

排量/mL

3535	3795

最大功率/hp@r/min

315@6900	340@6900

最大转矩/N·m@r/min

360@4300	400@4750

变速器和驱动系统

5速手动变速器，后驱	5速手动变速器，后驱

前悬架

麦弗逊式悬架	麦弗逊式悬架

后悬架

半拖曳臂、螺旋弹簧、自水平调节减振器	半拖曳臂、螺旋弹簧、自水平调节减振器

车身形式

四门轿车	四门轿车

净车重/kg

1670	1650

最高车速/(km/h)和0—100km/h加速用时/s

250 (电子限速); 6.3	250; 5.9

年度产量

1995	334
1994	600
1993	982
1992	2318
1991	2261
1990	3089
1989	2339
1988	331
总计	12254

有关车型数据来源，参见221页。

M3 (E36)

车型和代号	
M3, E36 (3.0)	M3, E36 (3.2)

成名之处

第二代M3速度更快、性能更佳，它将四缸发动机换成了六缸发动机，但在这个过程中却失去了原始、狂野的特质；巨大的销量证明了宝马的决定是正确的

生产时间

1992—1995	1995—1999

产量

71242（所有版本）

起售价格

DM 80000 (€40900)	DM88500 (€45250)

发动机型号与类型

S50B30，直列六缸，DOHC 24气门；可变进气凸轮正时	S50B32，直列六缸，双顶置凸轮轴24气门；全可变气门正时

排量/mL

2990	3201

最大功率/hp@r/min

286@7000	321@7400

最大转矩/N·m@r/min

329@3600	350@3250

变速器和驱动系统

5速手动变速器，后驱	6速手动变速器，后驱

可选装的变速器

无	SMG 顺序式变速器

前悬架

麦弗逊式悬架，下摆臂	麦弗逊式悬架，下摆臂

后悬架

拖曳臂、控制臂、螺旋弹簧	拖曳臂、控制臂、螺旋弹簧

车身形式

四门轿车、两门轿跑车和敞篷车	四门轿车、两门轿跑车和敞篷车

净车重/kg

1460 (双门轿跑车)	1460 (双门轿跑车)

最高车速/(km/h)和0—100km/h加速用时/s

250; 6.0	250; 5.5

年度产量

1999	5987
1998	11590
1997	11911
1996	11788
1995	11970
1994	10761
1993	6715
1992	520
总计	71242

M Roadster & M Coupé (E36/7-36/8)

车型和代号

M 敞篷, E36/7　　　　　　　　　　　　M 硬顶, E36/8

成名之处

一颗未经雕琢的钻石：动力过剩且驾驶时棱角分明；轿跑车型则表现得更为规矩；虽然不是M系列最辉煌的时刻，但Z3 M车型正在逐渐赢得一批追随者

生产时间

1996—2002

产量

21613（所有版本）

起售价格

DM 91500 (€46800)　　　　　　　　DM 91500 (€46800)

发动机型号与类型

S50B32，直列六缸，双顶置凸轮轴（DOHC）24气门，可变气门正时，西门子燃油喷射　　S50B32，直列六缸，双顶置凸轮轴（DOHC）24气门，可变气门正时，西门子燃油喷射

排量/mL

3210　　　　　　　　　　　　　　　3210

最大功率/hp@r/min

321@7400（后期325）　　　　　　　321@7400（后期325）

最大转矩/N·m@r/min

350@3250　　　　　　　　　　　　350@3250

变速器和驱动系统

5速手动变速器，后驱　　　　　　　　5速手动变速器，后驱

前悬架

麦弗逊式悬架，下摆臂　　　　　　　　麦弗逊式悬架，下摆臂

后悬架

半拖曳臂，螺旋弹簧　　　　　　　　　半拖曳臂，螺旋弹簧

净车重/kg

1350　　　　　　　　　　　　　　　1375

最高车速/（km/h）和0—100km/h加速用时/s

250; 5.4　　　　　　　　　　　　　250; 5.4

年度产量

2002	698
2001	2263
2000	2595
1999	6022
1998	7943
1997	2032
1996	60
总计	21613

M5 (E39)

车型和代号

M5, E39

成名之处

M5的高光时刻，V8发动机使其成为拥有400hp的强劲猛兽；强大的性能轻松获得，外观低调，电子系统不多

生产时间

1997—2003

产量

20482

起售价格

DM 140000 (€71600)

发动机型号与类型

S62 90° V8发动机，DOHC 32气门，可变气门正时；西门子燃油喷射系统

排量/mL

4941

最大功率/hp@r/min

500@3800

最大转矩/N·m@r/min

500@3800

变速器和驱动系统

6速手动变速器，后驱；动态稳定控制系统

前悬架

麦弗逊式悬架，下摆臂，螺旋弹簧

后悬架

双牵引臂多连杆悬架，横向连杆，下摆臂，螺旋弹簧

车身形式

四门轿车

净车重/kg

1720

最高车速/（km/h）和0—100km/h加速用时/s

250; 5.3

年度产量

2003	1512
2002	2412
2001	4630
2000	5824
1999	5425
1998	678
1997	1
总计	20482

2000年代

巅峰性能，无比复杂

更多气缸、更高
转速、更强动力、
更高速度——
可能是史上
最好的M3

1999年首次亮相的
E46代M3普遍被
认为是各代M3中
的佼佼者，尤其是
稀有且更昂的CSL版

M3 CSL比普通E46 M3更轻、更强大。它灵活、纯粹且沟通感极佳，搭载着出色的发动机，因此深受车迷喜爱，被认为是迄今为止最好的M3车型

新车永远要比前代有巨大提升是宝马M品牌的信条。当然，怎样才算"巨大提升"是一个逐渐演变的概念，现在，在快速电气化的21世纪20年代，即将推出的M车系列预计将在敏捷性、响应性和横向加速度等新领域取得新的进步——换句话说，就是弯道性能。

然而，回溯到千禧年之前，M部门工程师的关注点却截然不同，并且也更容易理解。于1998年推出的V8动力M5在有超强动力的同时却选择了如优雅西装般低调的外观，但它取得了辉煌的成功。它促使梅赛德斯-AMG匆忙推出了一个竞争对手，但却被轻松地化解了挑战。然而，想要赢得更进一步的对决也绝非易事。

尽管最初的M3已经确立了中型运动轿车的市场，但宝马相对于奥迪的保时捷风格RS2掀背车和梅赛德斯的AMG调校的C级等竞争对手来说，优势不再那么明显。作为总是尴尬的"第二张专辑"的后续作品，第二代车型——至少在许多人眼中——未能与开创性的E30导师相媲美，尽管其六缸机的精致程度和出色的直线性能令人印象深刻，但在其转变为更主流、更平易近人的热门轿车时，似乎失去了某些东西。

出于这个原因，宝马M部门的工程师始终牢记他们总是要做得更好的承诺，推动了他们为新千年创造新魔法的使命。于是，他们创造了一代在多方面倍受赞誉的新车。而在这份名单中突出的车型是迄今为止最好的M车型。

E46：最好的 M3，永恒的最爱

对于许多宝马 M 爱好者来说，尤其是那些经验超过二十年的人，这款车就是他们想要的。E46 是整个 M3 系列的精华，并且甚至优于最新款的 M4，尽管后者拥有两倍的功率和四倍的算力。

通常，最亲密的朋友往往是最严厉的批评家——当原 M3 的追随者们在 1992 年升级到其六缸 E36 继任者时，这一点更加明显。虽然大多数人欢迎更好的舒适性、涡轮机平稳但惊人的加速和新车型的日常易用性，但一大批非常直言不讳的人抱怨他们认为 E36 已经失去了一些重要的东西：纯种赛车的感觉、灵敏活跃的转向以及每项反应的紧迫感。他们认为，继任车型为了追求更丰厚的利润而出售了赛道灵魂，这些利润来自于为富有的商界精英和社会名流满足他们的虚荣心而带来的更高的销量。

这些严厉刺耳的批评被宝马记在心里，尤其是在基于 1999 年春季推出的普通 E46 双门版开发新一代 M3 时。到那年秋天，一款名为 M3 工程开发版的概念车已经亮相；而在接下来的春天，当 M3 量产版揭晓时，人们惊讶地发现量产版几乎所有细节都忠于概念车。与普通轿车相比，双门轿跑车型以更低更宽的轮廓（没有与轿车共享覆盖件）提供了更稳定和更牢固的姿态。M3 将其进一步提升，它具有更宽的格栅、带有明显凸起的铝制发动机舱盖以及更宽的前挡泥板，这可以容纳更宽的轮辋和轮胎。四出排气管、整齐的通风口格栅设

E46代的3.2L直列六缸发动机达到了新的卓越水平；这是最强劲的仅限于轿跑的CSL版本，得益于大型碳纤维集气箱等改进，功率提升至360hp。外观差异十分细微，需要专业的眼光才能察觉。M3的敞篷版虽然更重，但与轿跑版的驾驶乐趣非常接近

置作为完美的车尾润色，低调地呼应了20世纪70年代标志性的E9 3L轿跑车的经典设计。

为了提升抓地力、操控性和响应性，宝马不惜一切代价对已经很不错的E46底盘进行了重新设计。锻造铝制前下摆臂取代了标准部件，以提供更大的前部刚性和更宽的轮距；而在后部，M设计了更坚固的副车架和悬架锚点、钢制球铰，更硬的弹簧、减振器和防倾杆，以及更重的半轴以便将动力传递到车轮上。M限滑差速器是一个与GKN共同开发的新型的带黏性耦合功能的差速器。如果底盘规格有什么惊喜的话，那就是经过修改的转向实际上比普通车型的转向比更低。

正如所有新的M车型一样，发动机是关键所在。代号为S54的3.2L发动机是铸铁直列六缸发动机的终极版本。经过重新设计的凸轮轴、11.5:1的压缩比和最新一代的电子发动机管理系统，让它在7900r/min时可输出343hp的最大功率。首次使用的电子节气门允许选择不同的踏板响应模式，特殊的半干式油底壳机油泵确保即使在持续的高g值转弯下也不会出现缺油现象。

宝马公布的M3的0—100km/h加速时间为5.2s，最高速度为250km/h。但是当宣布10万德国马克的价格时，在场观众集体倒吸一口凉气。宝马夸张

M3 GTR是一款为了北美赛车系列而开发的认证特殊版，搭载了500hp的V8发动机，取代了3.2L直列六缸发动机。然而，推出公路版的计划并未实现

亮点：这一代M3重新带来了驾驶者所渴望的速度、灵活性和敏捷反应

地，并且很可能是故意地，通过将 M3 的价格牢牢定位在保时捷的领地以提高自身地位。M3 匹配的不仅仅是基本款 Boxster 的售价，而且超过了更快、配置更高的 Boxster S，后者定价也不过为 9.5 万德国马克。

那些有能力支付保时捷的买家并没有失望。宝马实现了看似不可能的事情：不仅是在令人兴奋的动力和精致的性能上更进一步，而且还通过将两代之前先驱性的 E30 的许多原始兴奋感融入其中。这足以让批评者们闭嘴，赞扬如潮水般涌来，他们称赞 M3 在日常通勤中的文明、随和的性质，赞扬它的靠谱的质量、激情驾驶时的惊人性能，以及发动机在渴望达到 8000r/min 的红线时发出的可怕尖叫。如果有什么犹豫的话，它集中在转向系统上，尽管在高速时表现良好，但在城市里却感觉轻浮且不运动。

对于宝马来说，这又是一个第一次就正确的案例，这一点可以从以下事实得到证实：在 M3 标准版在慕尼黑工厂生产的七年间，对标准版 M3 的技术修改很少。2001 年，一辆带有电动软顶的敞篷车加入了阵容，M 工程师认为必要的重要加固增加了 180kg 的车身重量，0—100km/h 加速时间也多花了半秒。与此同时，SMG 序列式变速器以第二代的形式重新出现，并提供不少于 11 个程序。其中之一是凶猛直接的弹射起步控制模式，宝马优化了换档点以提供最快的加速度。

在 2002 年，两种版本的前悬架塔顶之间都添加了一个加强杆。2004 年年底，悬架进行了轻微的修改以减少转向不足。同时还提供了一套竞赛包，提供了 2003 CSL 的一些底盘升级（见下文），例如更快的转向响应和 DSC 的 M 赛道模式，后者减少了 DSC 的介入情形，给驾驶员更多操作空间。

E46 M3 故事中的一个小插曲是 GTR 版本，它主要为美国勒芒大赛而打造。赛事规定要求提供一款公路行驶版本，因此出现了带有激进的碳纤维扰流板、分流器和轮拱延伸件的狂野形状的车身套件。发动机舱盖下是来自 5 系的 4L V8 发动机，经过调校可输出 380hp。尽管只有少数几辆公路版车型被销售出去，但赛车在 2001 年的美国勒芒大赛上横扫了冠军，并在整个十年中继续赢得其他比赛。

总而言之，从二十年后的回顾来看，E46 一代 M3 代表了宝马 M 在设计和工程上的最佳表现。它是令人惊叹的、高转速取向的直六发动机的最后一次绽放，其转矩平滑而持续，峰值功率惊人。尽管底盘非常复杂，但并没有依赖于大量电子干预来发挥其最佳水平，从而带来了一种令人鼓舞的纯粹和真实的驾驶体验。恰当地说，它至今仍然是最畅销的 M 车型，超过八万五千辆找到了买家，在它巅峰年份的 2002 年售出了将近二万四千辆。从当今世界日益数字化的角度来看，这款脱颖而出的 M3，也许是最后一批最伟大的非涡轮增压运动型汽车。

E46 M3 CSL：远不止各种零件的简单集合

对于一款限量生产不到 1400 台、从未在北美销售、仅提供单一规格和两种不同颜色的汽车来说，M3 CSL 在宝马 M 宇宙中享有不成比例的巨大影响力。事实上，它不仅被誉为它那个时代最好的 M 车，而且是迄今为止最好的——考虑到之前和之后的种种情况，这可不是一个小荣誉。

M3 CSL——真正的宝马爱好者所渴望的车型名称，仅生产了1383辆

然而，对于一款后来被如此崇拜的汽车来说，在 CSL 被公布时大家最初的反应却出奇地模棱两可。人们认为，标准版 M3 已经非常出色，很难再有所改进。动力仅增加了 17hp，这没什么大不了的，而轻量化部件的加入节省了 110kg 似乎不足以证明对 CSL 这一神圣称号的使用，毕竟该称号是由著名的 E9 3L 轿跑车所闻名。更糟糕的是，2003 年的价格为惊人的 8.5 万欧元，比已经很昂贵的标准车型还高出三分之一，这使得一些怀疑论者相信 CSL 的主要任务是在资产负债表上表现良好而不是为在公路上行驶而生。

这些怀疑论者终被证明是多么的错误。正如高性能宝马车经常出现的情况，CSL 的表现远远超过了其零件的简单集合，然而质疑在当时却没有消减，因为需要非常训练有素的眼睛才能将其与标准车型区分开来。只有降低的悬架、更大的 19in 轮毂和位于前裙部左下方的一个单偏移圆形进气口才能使人第一眼就能看出与其他车型的不同。

该进气口是另一个 CSL 诸多隐藏变化的重要线索，因为它直接将空气引导到一个大幅度改进的进气系统。一个大型碳纤维外观的集气箱占据了大部分可用的发动机舱空间，并负责进一步提高发动机响应速度。该系统有一个内部襟翼，在更高的转速和发动机负载下打开，此时，正如早期车评人兴奋地报道的那样，喉音般的进气声变成了完整的、雄浑的咆哮。据说需要该襟翼才能通过路试噪声测试，这一点可以从它在运动模式下保持完全打开的事实中得到证实。S54B32HP 发动机仍然在 7900r/min 时提供了 360hp，转矩略微增加到 370N·m，但最高转速限制提高到 8200r/min。

底盘的变化包括进一步降低和加强的悬架，并在后部使用新部件以增加外倾角。制动系统也进行了升级；在漫长的等待之后，转向比也终于更小了。看起来低调的车身升级实际上改变得更加深入：车顶改为碳纤维，节省了 6kg，行李舱盖、前裙部、后扩散器以及它们的所有支架也都是轻质复合材料。车厢内，从空调开始几乎所有的舒适性配置都被删除了，门板简化为塑料模制件。最令人惊讶的是只提供了 SMG Ⅱ 这一种变速器——这一直是 M 车主们诟病的对象。

更轻的车身和增加的功率令 CSL 的 0—100km/h 加速用时降至 5s 以下。拥有赛车执照的客户可以订购解除速度限制的版本，其最高速度超过 280km/h。在准赛车级米其林 PilotSport 轮胎上，CSL 创下了纽博格林北环赛道量产四座车的新纪录——7'50"，而标准 M3 则为 8'22"。

来自CSL驾驶员的体验报告

杰西·克罗斯（Jesse Crosse），作为世界知名的汽车记者和一位忠实的M3爱好者，于2003年出席了M3 CSL的国际媒体发布会。如今，在评估了近三十年来推出的数百款性能车型后，他将一辆2003年产的CSL作为座驾停放在了自己的车库里。以下是他的体验报告。

我第一次体验M3 CSL是作为一名记者参加了宝马阿施海姆测试赛道上的一次柴油发动机技术日。虽然这款新车型之前已经备受期待，但它的亮相以及勒芒赛车手汉斯·斯图克（Hans Stuck）在封闭赛道上进行的演示驾驶，仍然让我们喜出望外。即使坐在副驾驶座上，CSL的灵敏性和完美平衡也是显而易见的。我迫不及待地想亲自驾驶它。

在接下来的几十年里，我多次驾驶了CSL——事实上，只要有机会，我就会抓紧时间坐上驾驶座。在那些岁月里，宝马M车型仍然由一支小而精干的团队开发和建造，远离主要生产线，而这些在这款车上体现得淋漓尽致。

从驾驶座上看，CSL与我之前发售即购买的标准M3完全不同。包裹式的桶形座椅将驾驶位置放得很低，再加上较低的底盘高度，给人一种坐在赛车而不是公路车上的感觉。CSL感觉更轻，更灵活，通过方向盘和座椅能感受到更直接的路感。在蜿蜒的道路上加速时，它会变得生龙活虎，虽然不至于过于灵敏，但感觉柔顺且渴望变向。在这方面，转向与加速踏板的联系更加紧密，后段的响应比标准车型更灵敏。

发动机的声浪是无与伦比的，足以让人赞美不已，绝对是一种享受。很少有车型能与之媲美。虽然SMG这种自动换档手动变速器不如现代DCT那么好用，但只要理解它，就会比人们通常认为的要令人满意得多。在运动模式下，换档非常直截了当，在全功率换档时，传动系统会发出响亮的咔嗒声。一个单独的按钮可以控制SMG响应速度，就像智能手机上的接收质量一样，可以通过数字读数进行调整。

当不处于运动模式并且响应设置为快速时，SMG换档时机相当可预测，在高速行驶时，弯道前的降档非常平顺。尽管我心里极想美言几句，但手动变速器（在基础款M3上）并不是最好的：它操作起来缓慢而笨拙，行程相对较长。

其他方面呢？隔声效果的缺失是显而易见的，CSL对路面变化非常敏感，有时会将大量的轮胎噪声传到车内。另一方面，内饰是碳纤维和Alcantara皮革的完美融合，CSL在几乎所有方面都是一款令人陶醉于驾驶的汽车。我认识的几位资深驾驶和操控工程师仍然认为CSL的操控是标杆，并且这个观点是有充分理由的。它是有史以来最好的M车吗？极有可能。

杰西·克罗斯在他的CSL上说："发动机的声浪太美妙了，没有什么能与之媲美。"

M5 E60/61：最大功率，最高复杂度，最强威慑力

在 1998 年推出的 E39 M5 所设定的高水准一直难以超越。但在接下来的 6 年里，竞争变得更加激烈，因为对手们也开始追赶上来。在不断升级的动力竞赛中，奔驰凭借其 AMG 调校的 E 级车接近了 M5 的 400hp，而奥迪 RS6 则得益于考斯沃斯和双涡轮增压器的帮助，在其 4.2L V8 发动机上突破了 400hp 的障碍。此外，宝马当时已经在更引人注目的赛道——F1 上发动了战争，威廉姆斯赛车队赛车的后部搭载了功率接近 900hp 的 V10 发动机。

为了保持领先地位，M5 的继任者需要更强大的动力。对现有的 V8 发动机进行涡轮增压或机械增压在技术上是可行的，但这与梅赛德斯和奥迪的做法过于相似，而宝马当时的品牌定位是纯粹的高转速、自然吸气性能发动机，而不是峰值转矩巨大的涡轮增压发动机。还有来自 7 系的 V12 可选，但它显然太大太重——所以 10 缸发动机的合理折中方案呼之欲出。还有什么更好的方法来同时超越前任车型并超越竞争对手呢？那就是开发一款全新的车型，利用宝马在当前 F1 技术方面的独特专长，直接从赛道上汲取经验。

这就是促使宝马投入大量资源，开展迄今为止 M 部门最雄心勃勃的公路车项目的原因。这标志着纯粹机械工程的一个高峰，同时为电子程序控制车辆功能、道路表现和对驾驶者指令做出响应的时代架起了一座桥梁。

到 2004 年年初，这个复杂的项目已经准备就绪，在当年 3 月的日内瓦车展上以量产标准概念车的形式亮相。新的第五代 5 系在前一年推出，是克里斯·班戈（Chris Bangle）设计的第二款车型，其造型最初带来的冲击力当时已经消退。因此，M5 被展现为基本的班戈造型之上经过精心调整的版本，保留了所有复杂的凹陷、凸起和切割线，并带有运动化的细节，使其比前代车型更具侵略性，但又没有变得过于张扬。

被低估却被过度工程化：第四代M5忠实于保持外观设计简洁的理念，但其高转速的V10发动机和SMG变速器达到了技术复杂性的新高度

强大的5L V10发动机受到一级方程式赛车的启发,转速超过8000r/min。它将M5推向了500hp的级别,实现了火箭般的性能,但7速SMG变速器缺乏后期双离合系统的精细化

当同年9月量产车型亮相时,真正夺人眼球的是它的技术。M部门将他们所知的一切都投入了这个项目。10缸发动机和7速变速器都是全新的、量身定制的设计。除此之外,悬架进行了广泛的重新配置,转向系统完全更新,电子系统为驾驶者提供了前所未见的根据个人喜好设置车辆动态参数的能力。M5的数据更加令人印象深刻。这款复杂的灵感源自赛车的5L V10发动机,代号S85B50,转速可达8250r/min,最大功率轻松突破了500hp大关。M车标志性的每个气缸独立节气门由每个气缸组的单独的连杆和电机驱动。驱动40个气门的中空凸轮轴由链条和齿轮驱动,曲轴箱的平板结构借鉴了赛车的做法。但M工程师真正展现其赛车技术的地方在于如何减轻这台庞大发动机的重量:准备好上路时,它的重量仅为250kg,与上一代气缸数更少、功率小了20%的V8发动机重量完全相同。

虽然宝马很快就声称这款发动机的灵感来自F1,但硬件对于公路车来说是完全独特的;大部分F1技术被转移到了电子领域。MS65发动机管理模块包含超过一千个独立组件,每秒可进行两亿次计算,处理曲轴每转动一次的 50 个不同参数。

所有这些加起来形成了一个超高性能的豪华轿车,具有极强的威慑力,这还不包括宝马的声明:如果没有 250km/h 的速度限制器,M5 将可以达到 330km/h。这对英国和美国的买家来说意义重大,因为它让一款四座轿车打破了 200mile/h 的障碍,而那时的 200mile/h 速度纪录一直是法拉利 F40 和迈凯伦 F1 等超级跑车的专属。

考虑到在城市或湿滑路况下释放所有 507hp 的可怕后果,M5 总是以默认的 400hp 模式起动,按下仪表板上的 Power 按钮即可释放剩余的 107hp。更令人生畏的是,驾驶员面临着令人眼花缭乱的决策:SMG Ⅲ 变速器有 11 种模式,三种节气门响应曲线,三种悬架和两种转向模式,以及三种 DSC 稳定控制系统设置。幸运的是,驾驶员喜欢的组合可以通过方向盘上的红色 M 按钮瞬间存储并调用。

作为一台运动机器,M5 在理论上是优秀的,拥有惊人的动力、巨大的性能以及来自复杂发动机的高亢声浪。通过正确的悬架选择,它提供了不错的乘坐舒适性和紧致的操控性,更不用说一流的配置和制造质量了。但在日常驾驶中,它有点令人失望,SMG Ⅲ 变速器在犹豫不决和突兀之间交替出现,发动机的爆炸性能量带来的是紧张而不是放松的驾驶体验,并且还有太多的电子系统需要掌握。

尽管控制系统表面上看似简单,M5 却引入了多种电子系统,其复杂性令人望而生畏。仅变速器就有 11 种模式,而节气门响应则有三种设定

与两代之前的E34 M5一样，E60系列也包括一款旅行车版本

令人惊讶的是，2007年M5出现了旅行车版本。这款车从未在北美销售，但美国买家对SMG Ⅲ变速器感到失望，施压要求提供手动变速器选项。在生产的五年中，M5的其他修改很少，但由于汽车的复杂性导致了更多的可靠性问题和更高的维护成本，这比大多数宝马车主习惯的要高得多。

总而言之，E60 M5可以被视为一项精湛的工程成就，将自然吸气发动机推向了前所未有的高度和速度。但它也过于复杂，削弱了对驾驶员的参与感，而这正是宝马M精神的核心。从历史上看，它尴尬地处于模拟和数字驾驶体验的边缘，处于极端发动机转速的奢侈和涡轮增压动力的更高效率之间。因此，它有一天会被视为真正的机械巨头的最后代表，还是仅仅是技术死胡同的昂贵失误？这个问题还有待评判。

Z4M E85/86：M的跑车再次受到青睐

由于1995年推出的美国制造的Z3跑车因其孱弱的发动机和劣质的底盘而受到了严厉批评，宝马对其继任者Z4不敢掉以轻心。在2003年甫一亮相，这款车就是一款一流的车型，其配备了强大的6缸发动机和源自最新E46 3系的完全成熟的底盘（而非过时的车型），当然还有克里斯·班戈笔下极具表现力的造型。

7 2000年代：巅峰性能，无比复杂　　101

▲ 第二次幸运：在1996年Z3 M的反响不一之后，宝马M部门在Z4 M的后续车型上不再冒险。无论是敞篷版还是轿跑版，都经过了全面的工程设计，采用了最新的M3动力系统和悬架系统

◂为了证明其设计的合理性，宝马发布了Z4 M轿跑车的白车身结构图

直接来源于M3：Z4 M的高能直列6缸发动机在接近8000r/min时提供了令人振奋的343hp。尽管车身结构比早期的Z3刚性更强，但Z4 M的高功率和低重量在湿滑或不平的路面上仍需谨慎驾驶

基于如此高品质的基础，Z系列的到来不会让人失望。在2006年的底特律车展上，Z4 M以跑车形式亮相；两个月后，在日内瓦车展上，宝马发布了硬顶溜背的Z4 M双门轿跑车。与即将退出市场的Z3一代相比，Z4 M车型的视觉变化是低调和微妙的，主要区别在于前部更深的气坝、略微更深的肾形格栅嵌入到前保险杠中以及更突出的后扩散器，配以现在M车型典型的四出排气管。不出所料，Z4 M的机械规格与广受好评的E46 M3非常相似，尽管S54发动机经过了略微调整，气缸直径更大，排量达到3246mL，并将压缩比提高至11.5：1。其峰值功率仍为7900r/min时的343hp，对于一辆比M3更轻（但比轻量级CSL更重）的紧凑型跑车来说，这已经足够了。

与标准Z4的底盘规格相比，重要的区别在于采用了M3 CSL的制动系统和升级为全液压助力转向系统，取代了原来的电动液压助力转向系统。悬架设置明显更硬，尤其是在轿跑车中，以至于在颠簸或损坏的道路上车辆可能会感到不安稳。动态驾驶控制系统提供了两种不同的M模式，为那些追求更紧致响应的驾驶员提供选择。

Z4 M敞篷及其硬顶版本一直保留在宝马的车型目录中，直到2008年底才被换代的E89 Z4所取代，后者采用了单一的可伸缩硬顶车身形式。虽然没有提供M版本，但它的确配备了前一年在新V8动力款E90 M3上首次亮相的七速双离合变速器。

Z4 M是性能卓越的汽车，以其出色的发动机为主导。诚然，它有明显的狂野一面，但与它极具挑逗性的Z3 M前辈相比，它要温和得多，也实用得多。

2005年,著名的车型名称以班戈设计风格的M6回归。作为M5轿车的轿跑版和敞篷版,这对运动组合凭借高亢的V10发动机展现出惊人的性能,但在纯粹的跑车与豪华旅行车之间存在着微妙的界限

F1 赛车工程与奢华的完美结合:E63/64 M6 双门轿跑车和敞篷车

在 21 世纪初的三年里,克里斯·班戈在 2001 年 E65 7 系上引发的设计变革正在全面展开,人们对大型 7 系的狂热逐渐消退,而新的 5 系和 Z4 并没有引起太大的轰动。因此,人们的猜测现在集中在即将到来的大型双门轿跑车上。它会与 1999 年高度两极化的 Z9 GT 概念车有着多么密切的关系?

2003 年 9 月,随着 645Ci 的亮相,答案揭晓。它的名字唤起了宝马最珍贵的车型之一——优雅的巴拉克风格的 E24 双门轿跑车,这款车从 1976 年起生产了十多年。然而,与它的前辈不同,新款车笨拙的外观比它的工程技术更引人注目,后者则直接取自 E60 5 系轿车。几个月后,敞篷车亮相,外观更易被接受,但 2005 年率先接受 M 改装的是双门轿跑车,其亮点之一是碳纤维车顶。M6 敞篷车于 2006 年秋季首发。

鉴于 6 系基于 5 系架构,M6 采用了与轿车相同的定制 V10 发动机和复杂的电子系统,包括一个动力控制程序,可以选择"仅"400hp 的 P400,或全部 507hp 的 P500,以及 P500 Sport,后者只能通过 iDrive 菜单访问,虽然动力没有继续提高，但加速响应曲线更加激进。与 M5 一样，第三代 SMG Ⅲ 变速器为车主提供了大量的自动或手动换档选项，与轿车相比风格更加激进，在某些模式下可以提供闪电般的快速升档。与 M5 一样，北美客户可以选择手动变速器。

在 M6 的 60 个月的生产周期中几乎没有出现过什么变化。仅仅在三年后宝马才提供了一个可选的竞赛套件，其中包括降低和进一步加固的悬架、更坚固的三级阻尼减振器和更宽的轮毂。这些车型可以通过从车头宝马标志上流向前方的两个微妙线条来识别。随着 M6 在 2009 年底接近生产结束，一款竞赛版双门轿跑车略微提振了受到金融危机影响的销量。这款已停产的车型在竞赛套件等底盘升级基础上结合了更豪华的内饰。

就像它的 M5 同伴一样，这一代 M6 在其复杂的工程、巨大的动力和性能方面令人印象深刻。还是像 M5 一样，它非常强大，但它并不是每个人都期望的 M 部门提供的全能型选手。即使作为纯粹的驾驶机器，它也有一些明显的缺陷，这使得它技术上令人着迷，但还不是像其同名车型 20 年前那样成为真正的经典。

更多的气缸、更快的转速、更高的速度：M3在2007年车型中升级为V8发动机，使其在低速时展现出截然不同且更加强劲的特性，同时在8300r/min的红线附近释放出强大的动力

从 6 缸到 8 缸：E90-93 M3 加剧了功率之争

随着千禧年的到来，德国三大豪华汽车制造商之间的动力之争愈演愈烈，梅赛德斯-AMG和奥迪都在加大投入，试图从宝马倍受赞誉的M3手中夺取优势。梅赛德斯C55 AMG通过简单地将大排量V8发动机放入其中，甚至超越了M3 CSL的动力输出，并且继任车型还将拥有更大的8缸发动机。奥迪则为其RS4配备了一款4.0L V8高转速发动机，输出功率为414hp。"要小心了，M3！"一家领先的专业杂志如此警告。

然而，宝马并没有止步不前。M部门的工程师很清楚，出色的3.2L S54直6发动机已经没有进一步压榨的空间，并且如果再一步提高性能，它将无法通过即将出台的排放标准。在与第四代M5面临的困境惊人相似的情况下，要获得更高的动力输出，要么采用涡轮增压（当时这还不是M部门的擅长所在），要么增加气缸数量。

后者是显而易见的选择：非涡轮增压发动机更符合M追求精致、高转速、动力输出平顺发动机的理念，而M5强大的V10发动机则提供了一套现成的部件。去掉V10的两个气缸，就得到了一个尺寸合适的4.0L V8发动机，8300r/min时可产生420hp。这款代号为S65B40的新发动机与标准5系或E46 M3 GTS赛车所使用的发动机没有任何共同之处。

标准的E90 3系轿车于2004年首次亮相，其班戈风格的设计，尤其是后部，并没有得到一致好评。E91旅行车、E92双门轿跑车和E93敞篷车紧随其后相继推出，尽管仍按宝马的典型风格，但每种车型之间几乎没有共用的车身覆盖件。敞篷车是一个特别打破传统的车型，因为它配备了一个可折叠的金属硬顶，而不是一个折叠的帆布顶，这使得它在车顶合上的情况下看起来不太美观。

2007年春天，第四代M3以双门轿跑概念车的身份首次亮相。量产版的M3随后在第四季度推出，而轿车和敞篷车则在2008年推出，旅行车版本则并未提供。所有车型都在雷根斯堡的宝马主装配线上生产。

为了适应更高的动力输出，宝马M部门的工程师开发了一个加强型前副车架和更坚固的支柱，并修改了几何形状、加宽了轮距，此外还加硬了弹簧，并允许所有车轮采用三级可调电子阻尼控制（EDC）减振器。在后部，轮距加宽，一些衬套被球铰取代，弹簧变硬。此外还包括更宽的18in轮毂和比标准车型更快的转向齿条。

A柱前方的所有外覆盖件都是为M3量身定制的，以便容纳更宽的轮毂/轮胎组合，并为更强动力的发动机提供额外的冷却气流。已经采用穹顶设计的铝制发动机舱盖在后部需要增加一个大的凸起，以使发动机顺利安放；同时，作为M系列的标志，在轮拱后方的车门上设置了空气出口格栅。轿跑车型配备了碳纤维车顶以减轻重量，车尾则配备了一个大型扩散器，带有网状结构，上面有四个排气口。

E90 M3的V8发动机实际上比其所替代的6缸发动机更轻，并且在底盘中位置更靠后，以实现更好的重量分配。一个受欢迎的改进是7速M-DCT双离合变速器，取代了前一代不受欢迎的SMG变速器

宝马艺术车系列：杰夫·昆斯
这位纽约艺术家和雕塑家在2010年M3 GT2赛车的黑色车身上绘制了鲜艳的色带，明亮而对比鲜明，成为整个系列中最壮观的艺术车之一。多彩的线条从车头延伸开来，给人一种强烈的运动感和速度感

然而，大多数人的注意力还是不可避免地集中在发动机和传动系统上。这款复杂的V8发动机运行在12.1:1的高压缩比下，安全转速高达8400r/min。对于那些担心额外的气缸会使M3更重、更不灵活的人，宝马的工程师们迅速做出了回应：M工程师表示，V8比它取代的6缸发动机轻了15kg，它可以更靠后地安装在底盘上，以最小化车辆的转动惯量。发布规格中没有提到SMG变速器，原因很简单：几个月后，宝马宣布M3将采用一款名为M-DCT的双离合变速器。这款7速的双离合变速器由格特拉克提供给宝马，之前曾由大众在高尔夫R32上率先采用，并承诺比手动变速器更快、更容易驾驶。

这在实践中得到了验证，手动档轿跑车从静止加速到100km/h仅需4.8s，而配备M-DCT变速器的车型则将这一时间缩短了0.2s。对于敞篷车来说，由于其重量增加了200kg，相应的加速时间分别为5.3s和5.1s。就最高时速而言，所有车型都遵守德国工业界自我设定的250km/h的限制——尽管有一家美国杂志声称，M3在取消限制的情况下最高时速可以达到327km/h。

对于习惯了即将停产的M3舒适整洁的内饰的驾驶者来说，新款车型的内饰环境显得不那么友好：显示屏被分散在两个不同的外壳中，许多电子功能都是通过中控台上的iDrive旋钮旋转控制的。大多数功能与M5上的功能相似，但"Power"按钮仅控制加速响应曲线，而不是限制最大输出。

在低速时，V8发动机带来了一种陌生的隆隆声，让人想起一些肌肉车，但在高速时，随着转速表指针越过8000r/min的标记，它展现出了性能强劲的本色。M双离合变速器是这个过程中的得力助手，它的多种模式可以通过仪表板上的加减式开关轻松切换。然而，就驾驶精度而言，新车与前代相比显得不那么令人兴奋，尽管它具有巨大的功率优势，但原始的锋芒已被削弱，许多人后悔失去了兼具的奶油般顺滑和锐利的最佳6缸发动机。

在发布时，有关一款更轻、更纯粹的CSL版本即将推出以迎合硬核发烧友的市场需求的传闻甚嚣尘上。但直到2010年，宝马才推出了仅限轿跑车型的GTS。它的确变得更轻了，减重70kg，发动机的活塞行程更长，因此排量达到4.4L，功率达到450hp。此外，底盘也进行了重大改动，但所有改动都旨在提升赛道性能，最终生产的数量也不到计划中的150辆。所有车型都采用亮橙色涂装，甚至连发动机罩也不例外，后排座椅也被移除，为原厂安装的防滚架腾出空间。

宝马为其众多国家市场生产了多种特别版车型。这些车型大多只是在外观上进行了一些改动，除了M3 CRT轿车，它是GTS车型的低配版本，同时也是四门轿车的绝版车型。

在五年内，E90世代M3的销量不到6.6万辆，与销售超过8.5万辆的更

V8 M3的敞篷版采用坚固的金属折叠硬顶并未获得普遍赞誉：它使车辆的重量增加了200kg，削弱了其性能优势，而顶篷开启时的外形则缺乏软顶的和谐轮廓

纯粹 E46 前辈相比，它没有那么出名，商业上也没有那么成功。事后来看，这可能是宝马追求更高销量的代价，陷入了重量和动力的恶性循环，增加了多重工程复杂性，对 M 车型的核心价值——敏捷性和驾驶参与度——几乎没有任何提升。

与 V10 M5 一样，V8 M3 也是一个死胡同：它确实是一个技术上的高峰，但它也标志着一个时代的结束，在这个时代，高转速、峰值功率和明显的奢侈消费仍然是高性能车设计的常态。正如我们将在第 9 章中看到的那样，效率在 2010 年后迅速成为新的口号，一个新的、小型化的涡轮增压发动机时代即将到来。

M3 & M3 CSL (E46)

车型和代号

M3, E46	M3 CSL, E46

成名之处

毫无疑问，它是M3系列中的佼佼者：速度、敏捷性、响应速度和驾驶参与度都恰到好处	它更加专注，或许是史上最出色的M3车型；轻盈、敏捷、触感极佳，拥有卓越的动力和纯净度

生产时间

1999—2006	2003—2006

产量

85766（所有车型）	1383

起售价格

DM 100000（€51950）	€85000

发动机型号与类型

S54B32，直列6缸，双顶置凸轮轴24气门；可变气门正时，博世燃油喷射系统	S54B32，直列6缸，双顶置凸轮轴24气门；可变气门正时，博世燃油喷射系统

排量/mL

3245	3245

最大功率/hp@r/min

343@7900	343@7900

最大转矩/N·m@r/min

365@4900	370@4900

变速器和驱动系统

6速手动变速器，后驱	6速SMG II顺序式变速器，后驱

可选装的变速器

6速SMG II顺序式变速器	无

前悬架

麦弗逊式悬架，下摆臂	麦弗逊式悬架，下摆臂

后悬架

多连杆轴配拖曳臂和横向连杆，下摆臂，螺旋弹簧	多连杆轴配拖曳臂和横向连杆，下摆臂，螺旋弹簧

车身形式

双门轿跑车和敞篷车	双门轿跑车

净车重/kg

1495	1385

最高车速/（km/h）和0—100km/h加速用时/s

250; 5.2	250（无电子限速时为280）；4.9

年度产量（所有车型）

2006	4436
2005	8436
2004	13246
2003	19271
2002	23754
2001	15294
2000	1300
1999	29
总计	85766

有关车型数据来源，参见221页。

Z4M (E85-86)

车型和代号

Z4M 敞篷 E85，Z4M 硬顶，E86

成名之处

Z3的后续车型在性能上有了显著提升，其搭载了闪亮的M3传动系统，并配备了坚固、响应迅速的底盘，以及敞篷车或时尚的溜背式敞篷车两种车型选择；而经过改款的车型则配备了可伸缩的硬顶，但没有M版本

生产时间

2004—2008

产量

9968

起售价格

€61650（敞篷车）

发动机型号与类型

S54B32，直列6缸，双顶置凸轮轴24气门；可变气门正时，博世燃油喷射系统

排量/mL

3246

最大功率/hp@r/min

343@7900

最大转矩/N·m@r/min

365@4900

变速器和驱动系统

6速手动变速器，后驱，动态稳定控制系统，M差速锁

前悬架

麦弗逊式悬架，下摆臂

后悬架

多连杆轴配拖曳臂和横向连杆，下控制臂，螺旋弹簧

车身形式

两门敞篷车和双门跑车

净车重/kg

1420(敞篷车)、1410(双门跑车)

最高车速/（km/h）和0—100km/h加速用时/s

250; 5.0

年度产量（所有车型）

2008	619
2007	2280
2006	6906
2005	141
2004	22
总计	9968

M5 (E60/E61)

车型和代号
M5, E60/61

成名之处
暴躁的V10发动机拥有最高的工程复杂度,没有之一,其性能强劲且令人生畏,但过于复杂,难以提供持续的驾驶乐趣

生产时间
2003—2010

产量
20589(两种版本)

起售价格
£63285(€88600)

发动机型号与类型
S85 B50 90°夹角V10发动机,双顶置凸轮轴40气门,可变气门正时,西门子发动机管理系统

排量/mL
4999

最大功率/hp@r/min
507@7750

最大转矩/N·m@r/min
520@6100

变速器和驱动系统
7速SMG III顺序式变速器,后驱;动态稳定控制系统和M可变差速锁

可选装的变速器
6速手动变速器(仅限北美地区)

前悬架
麦弗逊式悬架,下摆臂

后悬架
双横臂多连杆系统,拖臂、连杆、螺旋弹簧

车身形式
四门轿车和旅行版旅行车

净车重/kg
1755

最高车速/(km/h)和0—100km/h加速用时/s
250(电子限速)/330(声称);4.7

年度产量

年份	产量
2010	10
2009	669
2008	1542
2007	4793
2006	5478
2005	7821
2004	235
2003	41
总计	20589

M6 (E63/E64)

车型和代号
M6, E63/64

成名之处
搭载V10发动机,速度快,动作狂野,结构复杂;它更像是一个工程里程碑,而不是一款值得享受的GT车型

生产时间
2004—2010

产量
14152

起售价格
£83300(€116000)

发动机型号与类型
S85 B50,90°夹角V10发动机,双顶置凸轮轴(DOHC)40气门,可变气门正时,西门子发动机管理系统。

排量/mL
4999

最大功率/hp@r/min
507@7750

最大转矩/N·m@r/min
520@6100

变速器和驱动系统
7速SMG III顺序式变速器,后驱;动态稳定控制系统和M可变差速锁

可选装的变速器
6速手动变速器(仅限北美地区)

前悬架
麦弗逊式悬架,下摆臂

后悬架
双横臂多连杆系统,拖臂、连杆、螺旋弹簧

车身形式
双门轿跑车和敞篷车

净车重/kg
1710

最高车速/(km/h)和0—100km/h加速用时/s
250(电子限速)/305;4.6

年度产量

年份	产量
2010	405
2009	494
2008	2016
2007	3882
2006	5175
2005	2138
2004	42
总计	14152

M3 (E90-E93)

车型和代号
M3, E90/92/93

成名之处
第四代M3采用了高转速V8发动机,拥有惊人的速度,但其魅力不及其直列6缸的前代车型

生产时间
2006—2013

产量
65985

起售价格
£51000(€74000)

发动机型号与类型
S65 B40,90°夹角V8发动机,双顶置凸轮轴(DOHC)32气门,可变气门正时。

排量/mL
3999

最大功率/hp@r/min
420@8300

最大转矩/N·m@r/min
400@3900

变速器和驱动系统
7速M-DCT双离合自动/顺序式变速器,后驱,动态稳定控制系统

可选装的变速器
6速手动变速器

前悬架
麦弗逊式悬架,锻造合金下摆臂,双叉臂

后悬架
多连杆悬架配拖曳臂和横向连杆,下摆臂,螺旋弹簧

车身形式
两门轿跑车和敞篷车;四门轿车

净车重/kg
1580(轿跑)

最高车速/(km/h)和0—100km/h加速用时/s
250;4.8(手动),4.6(M-DCT)

年度产量

年份	产量
2013	3776
2012	6160
2011	10543
2010	10553
2009	8524
2008	20151
2007	6215
2006	63
总计	65985

离开公路
去远行
M 系列的 SUV 车型

08

起初备受争议，但高水准的X5M和X6M很快赢得了世界

X6M和X5M于2009年推出，开辟了高端市场的一个全新领域——高性能大型SUV细分市场

宝马 M 版本的 X 系列 SUV 和跨界车多年来一直备受争议，但这种局面不仅仅是因为具有争议性的设计决策所带来的后遗症，就像第一代 X6 在 2008 年的情况一样。

所有早期的争吵和质疑都源于这样一个观念，一个 20 世纪 90 年代在任何宝马爱好者或媒体车评人心中根深蒂固的观念，即他们心爱的品牌甚至不应该考虑开发越野车型。最真实的忧虑是将一款沉重且反应迟钝的车型添加到产品阵容中，可能会永远损害宝马精心培育的"终极驾驶机器"的品牌地位。如果再给这样一个明显不协调的怪物贴上超级专属 M 的徽章，无异于火上浇油，进一步加重了怀疑者的疑虑。怀疑者问道：与卡车相关的产物如何能与 M 部门一贯写入其理念中的赛道性能相调和呢？

要理解这些问题，我们需要回到第一辆 X5M 出现之前的十年乃至更久的时间——事实上，应该回到不同价值观体系交织盛行的 20 世纪 90 年代。宝马很早就清楚，公司需要扩大生产规模，以实现必要的规模经济，以便在全球市场上进行有利润的竞争。公司管理人员认为，这种扩张可以通过并购额外的市场部门来最好地实现，必要的时候可以使用其他品牌名称来维持核心宝马品牌的排他性。

在新任首席执行官伯恩德·皮舍茨里德（Bernd Pischetsrieder）的领导下，资金充裕且具有收购能力的宝马于 1994 年 1 月收购了英国罗孚集团，这一举动震惊了世界，宝马旗下也多了路虎品牌。这个著名的四驱品牌被认为是最闪耀的奖品，是一个高端品牌，它的理想定位是利用美国 SUV 销售曲线快速上升的趋势快速发展。

宝马于1994年收购了罗孚集团，主要是为了获得对路虎在四驱车领域的技术。然而，宝马对路虎发现的过时技术感到失望，因此决定开发自己的SUV设计

▼ 第一代X5于1999年问世，它彻底改变了人们对SUV的乘坐、转向和操控的看法。其强大的动态性能促使宝马配备了更大、更强的发动机

▲ 弗兰克·斯蒂芬森（Frank Stephenson）在前往会议的航班上勾勒出了著名的原版X5草图。他以设计第一代宝马MINI和在迈凯伦的工作而闻名

但事情并非如此：路虎比宝马预期的要难对付得多。大多数路虎车型，甚至包括豪华的揽胜，以宝马的标准来看都是令人震惊地过时了。很明显，需要从头开始进行耗时且耗资巨大的重新设计，才能达到可接受的动态性能。

在此期间，宝马开始探索路虎的一些专有技术。其中包括聪明的陡坡缓降控制系统（Hill Descent Control），该系统使用车辆的ABS传感器实现易于控制的爬坡速度，而无须驾驶员踩制动踏板或选择超低档位。宝马强大的工程主管沃尔夫冈·雷兹勒博士（Dr. Wolfgang Reitzle）对他在路虎的技术工具箱中发现的东西感到好奇，他急于探索在两品牌之间共享技术的可能性。"我们很想看看一辆宝马越野车会是什么样子。"他告诉设计师弗兰克·斯蒂文森（Frank Stephenson）。后来斯蒂文森回忆说，这很快升级为在六周内制作一个全尺寸造型模型的命令，这是一个近乎不可能完成的工作计划。

众所周知，斯蒂文森在一次商务会议的两个小时飞行中，草绘了后来成为X5的车型概念。他借用了5系轿车的平台，大幅提高了乘坐高度和乘员舱高度，添加了大轮毂和宽轮胎，并加强了熟悉的宝马设计元素，以提供更具气势的外观。当时这一效果令人震惊，就像一辆5系旅行车服用大量类固醇一样，不过所幸的是，这种阳刚的形象并没有达到美国生产商引以为豪的大型SUV卡车式的程度。在高大的车身下，主要是5系的机械部件，包括与斯泰尔共同开发的5系的四轮驱动系统用于越野工况，以及空气悬架单元来提供可调节的乘坐高度。动力由7系上的4.4L V8发动机提供。

当时许多人认为轿跑风格的X6M的阳刚形象对于宝马来说过于激进，但不可否认的是，M工程师在让这款两吨多重的SUV在加速和过弯时表现得像一款运动轿车方面取得了巨大的成功；X5M同样快速，但受到的批评较少

同样重要的是宝马在 X5 的配置单上去掉了什么。宝马坚决拒绝了当时在四驱世界中仍然非常流行的沉重且易扭转的梯形大梁结构。取而代之的是，X5 提供了豪华轿车的紧凑的承载式车身。此外，越野爱好者所喜爱的笨重的低速档和差速锁也被取消了；沉重的卡车式的整体桥被换成长行程的独立悬架。

所有这些都为宝马在 1999 年 1 月发布之前称 X5 是一种新产品作了背书，即 X5 是一种新型产品——运动活力车型（sports activity vehicle，SAV），与人们熟悉的卡车式 SUV 不同，其动态性能已提升至另一维度。重要的是，宝马意识到大多数 SUV 买家对极端的 Jeep 式越野能力不感兴趣，他们选择四驱主要是为了其较高的驾驶位置和粗犷、阳刚的形象。标准 SUV 糟糕的公路性能只是被视为必须付出的代价。

如今，二十年已经过去了，第一代 X5 很容易被看作是一款普通的 SUV。但作为第一款在城市道路和高速公路上驾驶都很不错的 SUV，X5 是一种真正的突破性设计，其影响是巨大的。这是一款转向直观、精确的四驱车，而不是为了带着车主探索无人之境；它不像以前车型那样害怕高速驾驶，它可以轻松地转弯，而且不会让人觉得它随时都会翻车。更重要的是，它不会在坏路上颠簸，也不会在侧风中摇摆得令人担忧，而且在紧急制动时可以让人自信地停下。

简而言之，它是同类产品中第一个驾驶起来像一辆出色的车——正是这一点给了宝马 M 部门工程师信心，从而开发了一系列性能越来越高的运动版本。

发明高性能 SUV：X5M (E70) 和 X6M (E71)

初代 E53 X5 上市前几年所获得的市场热情激励着宝马进一步扩大其吸引力，于是宝马将发动机逐步扩大到 4.8L 和 360hp，并为其四驱系统添加更多电子控制功能。在此之前，已有过一种疯狂的单一版本，即一款由赛车部门设计制造的 X5，尽管它看起来几乎中规中矩，但勒芒获胜的宝马 V12 发动机被塞进了车底，因此拥有 700hp 的动力，它在纽博格林赛道的圈速低于 7'50"。由于功率如此之大，它被广泛认为只是一个聪明的宣传噱头，但很少有人意识到，在短短的不到二十年后，一款标准展厅内的 X5M 将提供几乎同样多的功率。

宝马很快用 2003 年推出的较小的 X3 补充了 E53 X5，随着新车型跟上哥哥的步伐，是时候推出第二代 X5 了。2006 年，明显更大的 E70 如期亮相，膨胀的尺寸为美国客户渴望的可选第三排座椅腾出了空间。尽管体型庞大，但新车开起来像宝马其他的 SUV 一样好，消除了人们对宝马进入这个有利可图的领域的所有疑虑。

宝马的成功吸引了其他厂商的追随，其中最引人注目的是保时捷，旗下的卡宴在 SUV 命题上更显运动，甚至让 X5 看起来都有些呆板，并抢走了一些宝马的高端客户。于是有了 X6，它的推出在 2008 年引发了一场评论风暴，其中一些是正面的，但大部分都是愤怒。

绝对是独一无二的：特别版X5 Le Mans将宝马24小时耐力赛获胜原型车的V12发动机装进了发动机舱，最终在纽北赛道的圈速达到了7'50"。到2020年，标准版生产的X5M和X6M的功率输出将接近这款V12发动机的700hp

借助X6，宝马宣称发明了一个全新的车辆类别——SAC（sports activity coupe），即运动型活力轿跑。尽管在机械和结构上与X5相似，但X6的低矮车顶线和溜背式后尾门赋予它一种真正具有威胁的侵略性外观，还强调了底盘的肌肉感、巨大的轮毂和轮胎、车身侧面高耸的腰线，以及高高翘起的车尾。它甚至比标准的X5驾驶性能更好；如果有一种X车型呼唤着M处理，那就是X6。然而，更加紧迫的是，竞争对手卡宴刚刚突破了500hp的门槛，而梅赛德斯第二代ML级正在生产一款6.3L排量的AMG运动版，号称拥有510hp。

因此，2009年纽约车展举办的不是一场，而是两场M车型首秀——X5M和X6M。在外观方面，M部门工程师们通常会进行一些微妙的改进，例如更深的前保险杠、更大的进气口以及重新设计的后保险杠，里面装有四根排气管，X6M抬高的尾部使它看起来更具威胁性。尽管所有X5和X6都是在北卡罗来纳州的斯巴达堡组装的，但完整的M规格动力总成一直都是从德国运过来的。在外表之下是如任何M车型所应具备的那样诸多的升级，尤其对X5M和X6M这种标志着许多重要的第一次的组合来说，无论是对于M部门还是更大的宝马集团都格外重视。这些是第一款采用四轮驱动的M车型、第一款仅配备自动变速器的车型、第一款带有转矩矢量控制的后轴，以及历史上自1974年2002 Turbo以来第一款采用涡轮增压发动机的宝马车型。M部门对这些也是第一款重量超过2t的M车型的事实并没有那么在意：事实上，装载了豪华配置的高耸的X5M，重量高达近2.4t。

重量的增加至少部分是由于M部门专家在将一辆高大笨重的四轮驱动车变成一台性能机器的过程中所做出的重大工程投入。

S63 B44 V8发动机虽然保留了普通车型中全部铝合金的N53发动机的4.4L排量，但其涡轮中置的双涡轮布局为宝马和整个汽车行业开辟了新的天地。宝马没有将排气歧管和涡轮安装在每排气缸的外部，而是将它们安装在V形排列的气缸之间：这一切的优势包括更紧凑的体积和更轻的重量，同时也改善了发动机性能，因为气缸的排气脉冲结合在一起以保持两个涡轮增压器在较低发动机转速下转速更高。现在，S63的最大转速限制为6800r/min，在6000r/min时可输出不少于555hp，并且从1500r/min一直到5650r/min时转矩都能达到惊人的680N·m。

这种对保时捷有巨大诱惑力的动力通过一个强化的六速ZF自动变速器和电控转矩分配系统传递到四个车轮。在后轴上还有一个进一步的创新：一个转矩矢量差速器，可以在转弯时向外侧后轮提供额外的动力，增强偏航响应并最大限度地降低任何转向不足的倾向。M版车型向后轮分配了比标准X5和X6更多的功率，这可以通过切换到M动态模式进一步增加，该模式还提高了车身稳定控制系统介入的门槛。在悬架方面，衬套等被加强，空气弹簧被设定得更硬，首次出现在7系的主动防倾杆系统被移植过来并被重新调校以实现更平稳的转向动态。

效果非常显著,特别是在驾驶 X6M 时,能感受到它更像一辆轿跑车。这是一辆大而霸道的车辆,你必须爬进驾驶座,当你用最轻微的加速踏板力度在转矩的潮汐波冲浪时,你可以感受到巨大的加速度;这里有快速且反应灵敏的转向,完全掩盖了这个庞然大物的巨大高度和两吨多的重量。而且,在经过一段长途驾驶后,你会惊讶于打开驾驶室的门后那高大的离地间隙,因为你很容易忘记这是一辆高底盘的 SUV。

X5M和X6M的4.4L V8发动机在工程设计上开创了新天地,将双涡轮增压器设置在两个气缸排之间的"热V"布局。这种设计实现了更快的加速响应,并提供了高达555hp的动力,使得这两款车型能在4.7s内由静止加速至100km/h

这两款车型的内饰与宝马的高端轿车一样豪华，主动防倾杆则通过减少过弯时的车身倾斜来提高舒适性，六速自动变速器是整个系列的标准配置

对于宝马 M 部门来说，这次任务完成得相当完美。尽管仍然有许多车评人对高性能 SUV 的概念持怀疑态度，但 X5M 和 X6M 已经用真正的魅力证明了这样的机器存在的合理性，更重要的是，驾驶它可以令人兴奋和满意。除了其卓越的性能之外，还有许多其他原因使其成功：M 部门工程师成功地为它提供了任何运动型汽车都必不可少的快速转向，而 M 动态模式电子系统则允许驾驶员有真正个性化的驾驶体验。至少对于 X5M 来说，它可能是世界上唯一一款能够容纳七人并在不到 4.7s 内就从静止达到 100km/h 速度的车辆。

这些 M 车型是否曾经在泥泞中进行过一场泥地摔跤，或者像一辆 Jeep 那样爬过巨石？它们仍能与核心的 M3 和 M5 品牌一起作为正宗的 M 车型吗？凭良心说，所有三个问题的答案可能都是否定的，尽管毫无疑问有些曾用于拖曳带有水上摩托或经典摩托车的挂车的例子。一些车主甚至可能偶尔参加几次的赛道日活动。从积极的一面来看，M 部门工程师已经明确且有力地证明了这一点：与传统的工程智慧相反，一辆大、重、宽敞的 SUV 确实可以被制造得近乎像一辆钢炮一样行驶、操控和转弯，即使在这个过程中它可能稍微欠缺了些灵巧。

8　离开公路去远行：M系列的SUV车型　121

于2009年推出的首款X5M为高性能重量级四驱车开辟了一个新的市场细分领域。其轿跑版X6M因更加激进的外观而引发争议，但与后续几代豪华动力SUV的过度设计相比，这两款车型如今显得相对温和

X5M & X6M (E70-71)

车型和代号	
X5M, E70	X6M, E71

成名之处	
原版热销SUV；动力强劲，速度快，机动性强，尽管车身笨重；展示了M公司让大型四驱车呈现运动化的技术能力	极具冲击力的跑车式设计引发了全球对外观动感、动力强劲SUV的潮流；性能无可置疑

生产时间	
2008—2013	2008—2014

产量	
8794	10678

起售价格	
£90000	£93000

发动机型号与类型	
S33B44，90° V8发动机，每侧双顶置凸轮轴，双VANOS可变气门正时，双涡轮增压	S33B44，90° V8发动机，每侧双顶置凸轮轴，双VANOS可变气门正时，双涡轮增压

排量/mL	
4395	4395

最大功率/hp@r/min	
555@6000	555@6000

最大转矩/N·m@r/min	
680@1500—5650	680@1500—5650

变速器和驱动系统	
6速自动变速器，全时四驱，可变转矩分配，转矩矢量控制后差速器	6速自动变速器，全时四驱，可变转矩分配，转矩矢量控制后差速器

前悬架	
双叉臂式悬架和螺旋弹簧/减振器单元	双叉臂式悬架和螺旋弹簧/减振器单元

后悬架	
多连杆悬架、螺旋弹簧、自水平调节、主动防侧杆	多连杆悬架、螺旋弹簧、自水平调节、主动防侧杆

车身形式	
五门SUV	五门SUV

净车重/kg	
2305	2305

最高车速/（km/h）和0—100km/h加速用时/s	
250（受限）/275；4.7	250（受限）/275；4.7

年度产量			
2013	441	2014	403
2012	1647	2013	1314
2011	2387	2012	1548
2010	2456	2011	2683
2009	2027	2010	2599
2008	16	2009	2120
总计	8974	2008	11
		总计	10678

有关车型数据来源，参见221页。

2010年代

初代涡轮增压车型——
M 部门的大胆尝试

从狂野的1M到精致的M5，再到狂暴飞驰的 M4 GTS

F80/F82标志着分裂成两个名字：M4为双门轿跑，M3为四门轿车。更有争议的是，它们都引入了涡轮增压。图中为赛道终点前大直道上，2014款M4在E30、E36、E46和E90前辈M3面前展示

这是 2008 年 9 月，雷曼兄弟投资银行的倒闭成为有史以来最大的企业失败。这直接引发了 2008—2009 年间的全球金融危机，导致无数企业破产，并促使金融监管迅速改变，也促使企业的董事会认真重新思考如何经营。

曾经的"贪婪就是好"口号已经消失，炫耀性的消费和财富观突然显得格格不入，消费需求的崩溃导致企业的销售停滞。通用汽车和克莱斯勒都被打个措手不及，后来申请了破产保护，而宝马则比大多数公司准备得更充分，因为宝马在一年前进行战略审查时就对几种情景做了预案，其中一个就是市场需求突然崩溃时如何应对。时任负责全球销售和营销的董事会成员兰·罗伯逊生动地回忆起当时的处境：

我记得我们在 2008 年 10 月巴黎车展上的一次非常重要的讨论，当时我正在查看当年 9 月份的月度数据。这些数据通过我的黑莓手机（我当时用的就是这个）传过来，结果是 –30%、–35% 和 –40%——到处都是这样的情况。我对首席执行官诺伯特·雷瑟夫说："外面发生了一些很严重的事情，虽然我不确定它会如何发展，但我们需要重新审视我们的未来计划。"

罗伯逊和宝马董事会做出了勇敢的决定，即在圣诞节前从生产计划中削减 78000 辆汽车。这让宝马公司在当年能够拥有比竞争对手更好的现金流。通过这一果断措施，宝马避免了短期和中期危机。此外，经济危机下客户的口味和需求也在发生着变化，因此宝马做出的回应不仅仅是放缓生产速度，而是对整个未来的产品组合进行了重新规划。

宝马的规划者们认为，在新的、后危机时代，挥霍无度将不再受欢迎。这一新指导思想的一个产物是取消了基于 2007 年豪华 CS 原型车的旗舰级 GT 项目。新指导思想也影响到了 M 部门，例如，正如人们看到的，在核心的 M3 和 M5 车型的设计中，追求更多的气缸、更高的转速以及越来越复杂的工程已成为过去时。M3 从前是 4 缸发动机，现在则拥有 8 缸；M5 从 6 缸开始，经过 8 缸，到现在的 10 缸。尽管这些复杂发动机在机械上极具吸引力且动力惊人，但它们惊人的油耗却标志着它们与即将到来的新时代不相称，因为这个时代更加注重效率。

在每一代新车都要比上一代性能更好的 M 法则下，宝马工程师知道唯一可以提高动力和效率的方法就是采用涡轮增压。这反过来也导致了全新的思考：M 品牌该开发什么样的车？开起来驾驶感觉如何？对爱好者来说车辆响应和声浪如何？

E82 1M 轿跑车：追寻往日 M 精神的入门级顽童

21 世纪初，M 品牌的核心车型 M3 和 M5 在技术和工程上越来越奔放，但这让人们逐渐意识到 M 部门的产品离初代 M3 那种紧凑但是功率强劲、令人兴奋的感觉越来越远。宝马开始担心，那些想要体验纯粹驾驶乐趣的客户可能会转而购买简单的钢炮，而不是那些虽然先进但是过于复杂的 M 车型。

宝马需要的是平易近人的入门级车型，它能复刻初代 M3 那种充满乐趣的特性，又能满足日益复杂繁多的各种安全和排放控制法规。首先出现的是 135i。5 门掀背款的 1 系于 2004 年推出，配备了一系列 4 缸发动机，2007 年顶级型号 135i 以 302hp 的 3.0L 6 缸涡轮增压发动机的动力形式出现。此外，宝马在 2007 年的东京车展上展示了 tii 概念车。该车因其短小的两门造型引起了批评，宝马也并未透露任何工程细节，但该车引发外界对未来 1 系 M 版本的猜测。

1M 轿跑车几乎在每一个细节上都是一辆M车型，它将厚实的轿跑车身与M3的悬架和一台高性能的直列6缸涡轮增压发动机结合在一起，使其成为宝马M部门首款涡轮增压跑车。结果可想而知是惊人的

▲ ▼▼ 增肌剂注射：1M是粗暴和直接的，从它那膨胀的轮拱和宽阔的轮胎，到N54涡轮增压发动机那令人恐怖的动力，都让1M成为宝马家族中的顽童

然而，当这款新车最终在2011年出现时，它的短粗的外观几乎与它那1M轿跑车的名字一样别扭。叫1M是为了避免与1978年的神车M1重名的无奈之举，但外观让许多人想起了同样笨拙且具有争议性的基于Z3的M双门轿跑车：两者都具有不寻常的比例，并且据说都是在仓促之下开发出来的。尤其是1M短小的车尾、激进的车头和扰流板、肌肉感明显的轮拱以及宽大的轮毂使它看起来不像原厂设计而像爆改的作品。

但当谈到1M轿跑车的技术规格时则毫无争议。它的缩短比例使其找回来初代M3的感觉；它的悬架、转向和制动系统直接来自当时的E90 M3；3.0L N54直列6缸发动机则配备了双涡轮增压器。1M成了第一辆涡轮增压的M轿跑车，尽管上一年宝马已经推出了X5M和X6M两款涡轮增压车型。但1M的声望也似乎有些折扣，严格来说，N54发动机并不是高性能赛车的产品，但M工程师们通过对软件、增压系统及排气系统的改进让这款发动机功率增加到340hp，并且转矩特性也比那些精心调校的自然吸气发动机更友好。

然而，真正让驾驶者谨慎对待的是将强悍的动力放在如此小的短轴汽车上。为了简洁，宝马放弃了M3和M5上的许多复杂的电子控制系统，只留下了可变M限滑差速器和DSC，这些可以通过方向盘上的M按钮来选择M动态模式，进而减少系统的干预程度。这种设置对于在赛道日经验丰富的驾驶者来说是不错的，但对于公共道路上的普通客户而言，这使得1M相当难以驾驭，尤其是在潮湿路面上。这进一步加剧了对1M评价的两极分化。

◀ 双涡轮增压的N54直列6缸发动机让1M轿跑车成为宝马的首款涡轮增压轿跑车，其发动机不是纯正的高性能赛车版本，但得到了M部门在软件和增压控制的高水平加持

专业媒体《道路测试员》喜欢它的可怕的易甩尾特性和恐怖的加速性能；然而，另一些车评人则认为这款车太老派，不够精致——这是一辆让人失望的车，虽有硬核赛车形象，但是舒适性差劲价格又过高。尽管外界普遍认为1M轿跑车是一辆真正的M车型，但其产量太少，在短短18个月的生产周期中只有不到6400辆被制造出来，M部门也和宝马集团层面那样吸取了教训。

作为M品牌回归M3本源的首次尝试，1M轿跑车或许令人失望，但其后继车型表现得非常出色——尤其是"纯种血统"的M2 CS，正如我们在下一章中将看到的那样，它被证明绝对是一匹黑马。

转速和气缸让位于涡轮增压:F10 M5 迎来重大变革

2011 年底首次亮相的第五代 M5 是 M 部门的一个关键的转折点,因为那些持续支持 M3 和 M5 的铁杆 M 爱好者提出了抗议:他们最喜欢的汽车不能再变得更大、更复杂、更浪费了。

因此,虽然即将退役的 E60 M5 拥有一个充满赛车血统的 5L V10 发动机,转速也高达 8500r/min,但其替代品仅配备了 4.4L 的 8 缸发动机。取代古怪、班戈风格外观的是更加冷静和有条理的设计,比如更大更直立的格栅。新车型延续了 M 部门持续进步的理念,尽管新 M5 的气质更内敛,但其成功地带来了更大的冲击力并取得了比前代更好的成绩。

这个取胜的秘密归结于那些纯粹爱好者长期以来一直担心的那个词:涡轮增压。许多人认为采用涡轮增压提升动力是一种偷懒,还有人担心涡轮增压发动机在低转速时会有涡轮迟滞,而在高转速时又容易动力疲软,而更多的人害怕转向涡轮增压化会导致新 M5 成为一个白开水般的无趣产品,在感觉和听觉方面不像真正的 M 车型。然而真实的情况是,只有最后一个担忧成为了现实,

所有的变化:F10代M5展示了比班戈风格的前代车型更尖锐的风格,但其话题点总是涡轮增压V8发动机,因为这是其在M核心车型上的首发

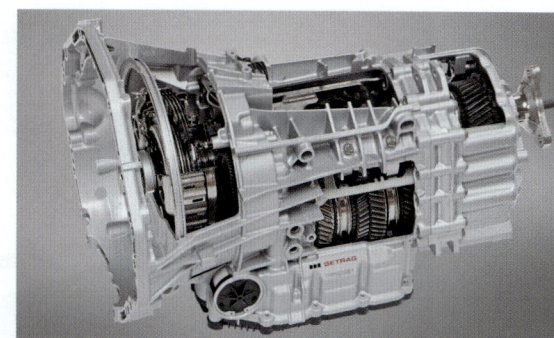

双涡轮增压V8的560hp确保了F10 M5的加速轻松超过了它的高转速V10前辈，但缺乏好的声浪，这让车迷们感到懊恼。后续版本突破了600hp大关，多模式的七速M-DCT双离合变速器是相比以前不受欢迎的SMG Ⅲ的重大改进，主动M差速器可由驾驶员进行调整

而且其中一个主要抱怨就是人们对F10版本将合成的发动机声浪通过车内的扬声器播放，以此弥补涡轮增压发动机高亢声浪的缺失。

为了缓解人们对大涡轮的担忧，宝马M工程师们表示他们已经通过X5M和X6M中强大的涡轮居中的V8获得了两年的经验。确实，这个S63B44发动机成为了新M5的动力基础。然而，对于M5，发动机必须做得更好，因此M的工程师增加了Valvetronic可变气门升程技术，安装了更大的双涡管涡轮增压器，并提高了静态压缩比和增压值。其结果是在5000~6000r/min都能输出560hp的最大功率；后来的雷霆版最大功率提升至575hp甚至600hp。令人印象更深刻的是转矩特性：这台发动机在1500~5750r/min的宽阔范围内能持续输出675N·m的最大转矩，这比前代的V10发动机高出30%以上，尤其是其最大转矩呈现的是宽阔的平原，而前代的V10发动机只在6000r/min短暂地出现。

变速器使用的是E90 M3的M-DCT七速双离合变速器，上代E60 M5上不受欢迎的SMG Ⅲ被抛弃。和以前一样，北美市场还可以选择六速手动变速器，这是北美市场独有的福利。变速器模式从从前的11种简化到6种，车身稳定系统和主动M差速器等组合调节也不再复杂到令人摸不到头脑，在新M5上驾驶员可以轻松地通过方向盘上的两个自定义M按钮调节。

F10 M5在每一项客观指标上都优于其前代车型，并拥有一套底盘和传动电子控制系统，驾驶员可以通过iDrive根据自己的喜好进行设定

新M5的底盘保留了普通5系的布局和技术，但特别开发了加强了的M悬架组件并增强其精细调整悬架几何以实现更精确的操控。制动系统也得到了类似的升级，前制动系统采用6活塞卡钳，碳陶瓷制动盘在一年后可供选择；19in轮毂，前轮宽度9in，后轮宽度10in。车身改进通常比较低调，独特的前脸取消了标准雾灯，增加了额外的进气口。前翼子板加宽，并带有内置M5徽标的空气出口格栅，后保险杠则重新设计以容纳四出排气管。

行驶在路上时，新M5的驾驶体验与前代车型相比毫不逊色。对于一辆大车来说，它表现得非常灵活，有效地隐藏了其增加的重量，三种悬架设置中即使处于最柔软的一种时也表现出令人印象深刻的平稳性和车身控制力。发动机对加速指令的响应速度比任何人希望的还要快，与双离合变速器十分默契，既平顺又迅速。至于纯粹性能方面无需置疑：V8涡轮增压发动机让M5加速比V10的前代更快，仅需4.4s即可达到100km/h的速度。尽管发动机转速能超过7200r/min，但在加速中无需用到。

那么除了价格飙升到近十万美元外，新M5的问题在哪里呢？不同的车评人以不同的方式总结了这个问题，但很明确的共性批评是新M5并没有像其前任那样在情感上产生同样的无法拒绝的影响。它的性格过于平淡，给人的刺激感弱了很多，峰值转速下没有令人激情澎湃声浪，驾驶起来也过于轻松。简而言之，正如一家杂志所说，新车更快、更干净、更高效——但也更缺少乐趣。

随着 F80/F82 M3 和 M4 涡轮化和名字分家，一切都变了

与更大的 M5 情况相同，对于第五代 M3 而言，一切也都发生了改变，甚至名字都变了。因为从 2013 年开始，以前被称为 3 系的车型被分为两个独立的车系，最令爱好者感兴趣的双门轿跑车成为了新的 4 系。轿车、旅行车和一种全新的 GT 掀背车型保留了 3 系的名称，尽管在工程上这两个不同的车系几乎完全相同。

所有这一切都意味着四门 M3 轿车将率先作为 2014 款车型推出，其内部代号为 F80。代码为 F82 的轿跑车 M4 则于 2014 年春季上市，同年晚些时候，F83 M4 敞篷版上市。这三款车都紧紧遵循了其原车型的更紧致、更利落的新外观，尽管敞篷版保留了其前代的折叠硬顶，但车顶线条更自然，风格就像织物软顶那样。

在外观升级方面，新 M3/M4 车型遵循了熟悉的 M 模式：有重新设计的机舱盖和更宽的前轮拱罩，这些全部采用铝制材料；具有更大的正面进气口、格外深的中央进气口以及可以容纳四排气管的加大的尾部扩散器。一如既往的

引领潮流：M部门最引人注目的跑车在2014年获得了一个新名字M4和涡轮增压发动机。其动力、速度和动态性能都得到了改善，但这还不足以说服一些铁杆M粉

M4敞篷跑车是一款令人难以置信的四座跑车，尽管价格不菲。它保留了上一代的折叠硬顶结构，但车顶曲线更具吸引力

是，技术配置是比外观更重要的事，新车的新 S55 直列 6 缸发动机继续引领潮流。宝马将其描述为特别开发的 M 双涡轮增压高转速 3L 发动机，S55 在 5500～7300r/min 均可产生 431hp，并且红线转速可达 7600r/min。

两个单涡管涡轮增压器让 M3 和 M4 在任何速度下的节气门响应都大幅提高，这从 1850～5500r/min 的 550N·m 的转矩中得到了证明，这比上一代已经很出色的 V8 发动机还提高了 40%。全车重量减少了约 80kg，燃油消耗和尾气排放下降了四分之一。手动车型中的 0—100km/h 加速时间缩短到 4.3s，而搭载双离合变速器的车型只需 4.1s。

发动机内部有一个更轻、更坚固的锻造曲轴，喷射涂层代替了传统的气缸衬套，并且有额外的挡板和机油泵来保证在赛道驾驶时持续的横向 g 值下的润滑。高温和低温冷却回路变得更加复杂，包括进气空气冷却、发动机主散热器、发动机和变速器的油冷器以及一个额外的电动泵以保持涡轮增压器在车辆静止状态下的冷却。

六速手动变速器加入了降档自动补油功能，第三代七速双离合变速器具有弹射起步功能，还有通过打开离合器来缓解车辆转向不足、让车辆重回正常轨迹的稳定功能。此外，新车还配备了碳纤维传动轴（无中心轴承）、主动 M 差速器（可实现从 0～100% 的渐进锁止）以及先进的轻量化悬架系统（弹簧刚度增加）。最后，转向改为电动液压辅助，这是 M 部门首次放弃液压助力转向，这让驾驶员可以在三种不同的转向特性中自由选择。

产地上也有重要差异。虽然 M3 轿车在雷根斯堡建造，但 M4 轿跑车和敞篷车回到了宝马的核心 Preussenstrasse 工厂，这距离它上一次制造 M 车型已经过去了 23 年。

和涡轮增压的 M5 受到了众多车评人不冷不热的评价相比，M3 和 M4 的表现要好一些——尽管仍不及十多年前 E46 所获得的狂热追捧。是的，人们抱怨新的涡轮增压 M3 和 M4 的声音不如之前的 V8 车型那么浑厚和令人振奋；充沛的转矩意味着发动机比原来轻松了一半，因此稀释了驾驶员的参与感。但是总体来说，人们对新世代性能的几乎所有方面都给予了勉强的赞扬——从惊人的加速到出色的加速响应、转向范围、悬架设置以及变速器设置，还有非常有效的（但需要额外花费相当多的钱）碳陶瓷制动系统。

如果有什么不好的话，那么共识是，虽然新的 M4（以及 M3）在客观水平上比其前代更胜任，但这并不一定表示它有更好的驾驶体验。一位车评人说："我想要我的 M3/M4 有更多的反馈和互动。"

M3 和 M4 的高转速 3L 直列 6 缸涡轮增压发动机轻松达到了 431hp，转矩比上一代活泼的 V8 高出了 40%。注意发动机舱内的大量加强杆。M4 轿跑车和 M3 轿车的速度都很快，但缺乏驾驶员的参与度

这些抱怨很快就被一系列令人惊叹的特别版车型解决了。雷霆版配备了具有额外的12hp的发动机和重新调整的悬架设置，以获得更紧致的操控性，但2017年的CS版，也就是Competition Sport版的动力进一步增加到454hp，转矩也增加了50N·m，这主要得益于重新标定的发动机程序。碳纤维部件，如座椅外壳和车门内衬等让整车减少了35kg，这使得CS版可以在4s内达到100km/h，最高速度达到280km/h。排气声浪也增添了听觉上的兴奋感。有种观点是改进的抓地力和转向响应来自于米其林Pilot Sport轮胎，但在雨天千万要谨慎驾驶。

尽管如此，CS依然不是M4中最极端的一位，这个荣誉属于M4 GTS，这是一款几乎没有伪装的公路赛车。它比M4轻了整整70kg，在行李舱盖上安装

2017年M4 GTS是有史以来M部门生产的最极端的公路车之一，它有降低和加强的悬架、赛车风格的扰流板和防滚架，以及使动力增加到500hp的创新的水喷射技术。粗犷和灵敏的行驶特性让它成为一款强大的赛道武器

了一个赛车式的全宽大尾翼。它也有巨大的金色车轮，取代后座的防滚架也是金色的。那些指责 M4 GTS 在视觉上哗众取宠的人，只要看一眼它的发动机规格，就会很快闭嘴：GTS 是世界上第一款有发动机歧管喷水技术的量产车，这可以进一步提高其在极端动力输出时的动力表现。

其结果是这辆 500hp 的 GTS 在不到 3.8s 内即可由静止加速到 100km/h，并且其最高时速远远超过了 300km/h 的里程碑。这款限量版仅发售 700 台，尽管售价高达 14.6 万欧元，这几乎是标准车型价格的两倍多，但仍然很快就售罄了。少数有幸开过这款车的人说，这是一辆高参与感、反应异常灵敏的车，但也是一辆高调、紧张、异常桀骜不驯的宝马。对 GTS 的普遍看法是，这车可能更适合赛道而不是公路，特别是在恶劣条件下。也许这款车就是从前 2002 Turbo 的回声？

1M Coupé (E82)

车型和代号
1M Coupé, E82

成名之处
这款入门级跑车的动力过剩,操控性能异常疯狂,在湿滑的路面上更是达到了疯狂的地步

生产时间
2011—2012

产量
6342

起售价格
£40000 (€48200)

发动机型号与类型
N54,直列6缸发动机,DOHC 24气门,双涡轮增压

排量/mL
2979

最大功率/hp@r/min
340@5900

最大转矩/N·m@r/min
500@1500—4500

变速器和驱动系统
6速手动变速器,后驱

前悬架
麦弗逊式支柱搭配下摆臂和横向控制臂

后悬架
多连杆式悬架系统,配有螺旋弹簧和控制臂

车身形式
双门跑车

净车重/kg
1495

最高车速/(km/h)和0—100km/h加速用时/s
250; 4.9

年度产量

年份	产量
2012	2158
2011	4151
2010	33
总计	6342

M5 (F10)

车型和代号
M5, F10

成名之处
双涡轮V8发动机的动力和速度比即将退役的V10发动机更强,但缺乏听觉上的震撼让人有些失望

生产时间
2010—2016

产量
19533

起售价格
£73040 (€88000)

发动机型号与类型
S63 B44TO,90° V8发动机,32气门,双顶置凸轮轴,Valvetronic可变气门升程,双涡轮增压

排量/mL
4395

最大功率/hp@r/min
560@6000—7000

最大转矩/N·m@r/min
680@1500—5750

变速器和驱动系统
7速M-DCT双离合自动变速器,后驱,主动 M差速器

可选装的变速器
6速手动变速器(仅北美地区)

前悬架
双横臂式独立悬架,带有横向连杆,螺旋弹簧减振器单元和电子减振器

后悬架
带螺旋弹簧和电子减振器的整体多连杆悬架系统

车身形式
四门轿车

净车重/kg
1870

最高车速/(km/h)和0—100km/h加速用时/s
250 (305附带选装的M驾驶包); 4.4

年度产量

年份	产量
2016	1292
2015	2266
2014	3050
2013	4516
2012	7122
2011	1244
2010	43
总计	19533

有关车型数据来源,参见221页。

M3 & M4 (F80/F82)

车型和代号	
M3, F80	M4, F82
成名之处	
第五代M3采用了高转速的直列6缸发动机；虽然加速迅猛，但缺乏驾驶员与车辆的互动	轿跑车和敞篷车都采用了新的M4车标，并拥有不同的外观设计；与M3一样，它们都非常敏捷、性能出色，但在人机沟通方面有所欠缺
生产时间	
2012—2018	2013—2020
产量	
34677	77624
起售价格	
£59900（€72100）	€73200（敞篷版）
发动机型号与类型	
S55B30TO，直列6缸，双顶置凸轮轴24气门，Valvetronic可变气门升程，双涡轮增压	S55B30TO，直列6缸，双顶置凸轮轴24气门，Valvetronic可变气门升程，双涡轮增压
排量/mL	
2979	2979
最大功率/hp@r/min	
431@5500—7300	431@5500—7300
最大转矩，N·m@r/min	
550@1850—5500	550@1850—5500
变速器和驱动系统	
6速手动变速器，后驱，主动M差速器	6速手动变速器，后驱，主动M差速器
可选装的变速器	
7速M-DCT双离合自动变速器	7速M-DCT双离合自动变速器
前悬架	
双叉臂式悬架，螺旋弹簧减振器单元，控制臂	双叉臂式悬架，螺旋弹簧减振器单元，控制臂
后悬架	
五连杆式悬架、控制臂、螺旋弹簧	五连杆式悬架、控制臂、螺旋弹簧
车身形式	
四门轿车	双门轿跑车和敞篷车
净车重/kg	
1537	1497（M4轿跑车）；1750（敞篷车）
最高车速/（km/h）和0—100km/h加速用时/s	
250；4.3（4.1与M-DCT）	250；4.3（配备M-DCT时为4.1），4.6/4.4（敞篷版）

年度产量

2018	6862	2020	2272
2017	8149	2019	7851
2016	8428	2018	10166
2015	6625	2017	14439
2014	4470	2016	13437
2013	92	2015	14899
2012	51	2014	14429
总计	34677	2013	131
		总计	77624

2020年代

M2、M3、M4、M5——
日臻完善的涡轮增压

以惊人的速度和极致的驾驶魅力重回巅峰

10

紧凑、灵活、充满力量，M2代表着象征极致驾驶沟通感的M精神的回归

我曾对川本信彦(Nobuhiko Kawamoto) 进行过一次详细的采访,川本信彦是从前本田赛车的掌门人,领导本田在20世纪80年代取得了F1的成功,后来成为了本田的首席执行官。在采访中他说,本田赛车队在失败的时候学到的东西比他们获胜时更多。那么这与宝马M部门有什么关系呢?M部门的失败或甚至接近失败的情况都很少,以至于几乎不值得提及。

让我们回到21世纪初的头几年,看看高性能汽车的设计师和制造商们所面临的困境。在德国三巨头宝马、梅赛德斯－奔驰和奥迪之间不断升级的实力竞赛中,什么是保持竞争力的最佳方式?更复杂,更多气缸,更高的转速?还是机械增压或涡轮增压等强制进气技术?

宝马与竞争对手们一样最终选择了后者。正如我们在前一章中所提到的,M部门的第一代涡轮增压车型在技术方面确实做得很全面,例如更多的动力、更高的性能、更高的效率,甚至更好的燃油经济性。但是,在主观感知领域,特别是加速响应、发动机声浪以及驾驶员参与感上,这些车却有所欠缺,而这种参与感正是M的核心价值之一。对于M部门的工程师来说,这可以被解读为一种失败,就像验收单上一个未被勾选的方框。因此,正如川本的想法一样,M部门将这些放在心上,并致力于确保涡轮增压车型的二代产品能够彻底扭转局面,重回M精神的正轨。

F90 M5的主要变化是引入了全轮驱动。驾驶员可以使用几种不同的模式,包括下图中试车手展示的专属于赛道模式的纯后驱状态

M5 F90：600hp 涡轮增压，自动档，全轮驱动——重回正轨

在 2016 年底发布的第七代 5 系轿车 G30 看上去与它的前辈 F10 没有太大的不同，尽管车身进行了巧妙的改进使其空气动力学性能显著提高。车身之下是很多重大的技术升级，比如底盘方面进行了重大改进，包括广泛使用铝材以整体减轻约 100kg 重量、采用先进的底盘系统（如后轮集成主动转向）以及电子系统的重大升级，后者为最终实现自动驾驶提供了更多安全和互联功能方面的准备。动力总成中还包括包括功率为 252hp 的插电式混合动力车型 530e 和配备四驱和 462hpV8 发动机的 M550i xDrive。

这款带有 M 前缀的车型自然在开发过程中得到了 M 部门的支持。但真正让全世界宝马爱好者松了一口气的是，这并不是 G30 一代的的终极 M 版本，即早在 2016 年 8 月，宝马就宣布即将推出新款 M5，这也是第六代 M5。宝马宣称它是迄今为止最先进的版本，不仅注重效率，还注重纯粹性能。然而，让一些狂热 M 粉丝感到失望的是，宝马宣布新 M5 将配备全轮驱动和自动变速器。这些极端 M 粉们认为这两项技术让 M5 开始不再硬核，开始把舒适性和便利性作为重要性的首位，这是一种严重的退步。

他们不必担心。因为宝马并没有忘记 M5 的初心使命，而是找到了一个平衡点，使新车能够满足所有人的需求：安静时低调而豪华，但当被唤醒时又能提供令人惊叹的性能和激动人心的表现。这次，车评人一致认为：在上一代车型的令人失望之后，新 M5 是宝马重返巅峰之作。一家媒体称它是最新的 E39 以来最好的 M5；另一家媒体则表示，宝马的水平提高了。

新车自然比其前代及之前的任何 M5 更快。然而，采用新标定的双涡轮增压器的 S63 V8 发动机却仍保持在 600hp 的功率水平上，这并未超越前代车型。但性能上却又长足的进步，新 M5 0—100km/h 加速用时只需 3.4s，这得益于更轻的重量（即使增加了四驱系统）、8 速变速器及整车方方面面效率的提升。经过精细调校的智能 M xDrive 全轮驱动系统保留了宝马熟悉的后轮驱动特性，前轮只在后轮无法单独处理时才发挥作用。此外，为了取悦那些喜欢拉风的车主，新 M5 还提供了一个可选的纯后驱模式，不过该模式仅适用于赛道，并且在使用时中控显示屏上会有警告提示。

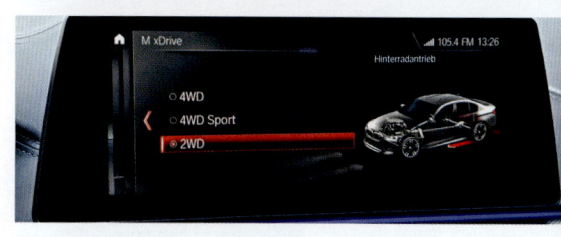

M5 的驾驶员可以通过 iDrive 控制器和清晰的中央显示屏，根据自己的个人喜好选择汽车的动态模式。上图是底盘系统的菜单，下图是已选中后轮驱动后的子菜单页面

宝马M5的全驱系统最有力的卖点之一是它增加了安全性,而且它允许驾驶员进行可控的漂移。大家一致认为,新M5比上一代更吸引人

新M5的所有悬架部件都进行了加强和重新设计，以满足M品牌极致的动态要求，比如甚至动用了额外加强杆、用球铰来代替衬套等手段。转向助力系统仍然采用电子液压而非完全电动化，制动系统要么是M复合材料，要么是加钱选装使用M碳陶瓷。重新设计的前保险杠能为多个散热器提供足够的冷空气，这些散热器负责处理发动机、涡轮增压器、进气冷却、变速器和空调等系统的热交换。车顶由轻质碳纤维复合材料制成，加宽的前翼子板和前机舱盖由铝制成，而低调的后裙板则为四个排气管留出了空间。

车舱内部，驾驶员可以对发动机、变速器、转向器、减振器和动态稳定性等众多项目进行调整或设定。新M5吸取了前几代车型的经验教训，把繁多的组合简化为高效、运动和运动+三种模式，并且可以设定默认模式以备随时调用，整个过程只需通过方向盘上的两个M按钮即可实现。随着三年后改款M5的出现，该系统进一步简化，提供了更快捷的直接访问所需设置和iDrive菜单的方法。另外能证明M5依然硬核的配置是新M5采用了赛车风格座椅（当然仍可以电动调节且具备加热功能）和标配的抬头显示功能，后者在选择Sport模式时会切换到M视图并启用F1类型的升档提示灯。

◀▲ 英国等市场更偏好价格更贵的雷霆版M5，其典型特征是车头的黑色格栅

2021年年初，宝马推出了首款CS版M5，一款硬核衍生车型，重量减轻了70kg，发动机功率进一步升级到635hp，使其成为宝马有史以来最快的量产车型。其内饰的变化是四个桶式座椅，车头前部是轻质碳纤维

"新宝马 M5 的驾驶体验就像后轮驱动车辆，但具有更多的牵引力"，M 部门总裁弗兰克·范梅尔向记者和客户保证——新 M5 确实如此。在纽博格林北环赛道和其他赛道上数万千米的锤炼显然已经得到了回报：尽管它仿佛像穿着整齐的西装、衬衫和领带的商界精英，但优雅的外表之下则是一台性能出众且令人愉快的超级轿车。

很少有人会因为宝马转向全轮驱动和自动变速器而与之争论，因为这个简单的、无可争议的原因是：这辆车可以做任何上一代车能做的事情，而且做得更好。令人惊叹的持续轮胎燃烧漂移？直线加速一鼓作气达到 300km/h 的速度？还是美好的夜晚开到歌剧院体验奢华氛围？所有这些 M5 都能完成，甚至能轻松舒适地完成。这得益于 M 部门工程师们的专业水平和他们驾驭电子系统的能力，因此这辆大型行政轿车能像一辆豪华轿车一样行驶，并且在下一刻立马变身跑车性格。

"这是一辆真正的宝马 M 超豪华轿车，我很高兴 M 部门再次找到了自己的节奏。"车评人汤姆·福特在《Top Gear》中写道，"我喜欢这个。很喜欢。"

M5 发布后，除将功率提高到 625hp 的雷霆版衍生车型外，几乎没有其他后续变化。2019 年夏天，宝马推出了限量版 M5 35 周年纪念版。2020 年夏季 M5 迎来了中期改款，工程层面上几乎没有需要修改的部分，改变来自外观，比如更大的黑边格栅，车厢内对人体工程学和 iDrive 的交互方式进行了改进，新的 iDrive 设置了直通 M 车主最感兴趣的动态模式选择的路径。

　　2021 年第一季度，宝马宣布了 F90 M5 的新进展。新推出的 CS 版本是最硬核的 M5：其拥有 635hp，它是有史以来最强大的以及最快的宝马车型，并且通过碳纤维座椅等轻量化创新技术实现了 70kg 的减重。

　　F90 M5 是否有资格成为有史以来最伟大的车型之一？很有可能。很明确的是，超过 600hp 的动力级别正在接近可能成为 21 世纪气候变化政治正确下可接受的极限，高转速的双涡轮增压 S63 V8 发动机也可能是内燃机设计艺术上的一个高峰。更有可能的是，在 M 部门表明将通过既环保又令人兴奋的汽车来应对未来的挑战时，这款 M5 很可能就成为伟大的、传统动力的高性能豪华轿车中最出类拔萃的一款。这无疑会确保 M5 在汽车历史上的地位。

"小"本身就是激动人心的：宝马的这款紧凑型车型凭借惊人的动力和高度灵敏的动态重新点燃了早期M3等才有的那种驾驶魅力。最终的CS版本经常被认为是有史以来最好的M车之一

小巧而惊艳：M2 F87 是一款令人兴奋的 M 杰作

不管哪个时代，宝马最小车型的高性能版本一直都自带野性和不羁的气质。靠着其精密的工程调校，20世纪60年代末期的2002tii是一辆在极限状态下相当激进的汽车，它的直系后裔2002 Turbo也以其刀锋般的动态特性而闻名。然后，在1985年，脱胎于E30轿车的M3是台令人兴奋的、桀骜不驯的硬核赛道机器。因此那些M的硬核粉丝对后来日益精致和舒适的车型感到不满并不奇怪，因为那些车型的体积、气缸数量以及豪华配置都在增加。

重塑从前粗犷、不羁的M精神是发布于2011年的代号为E82的1系列M轿跑车（见第9章）的一个重要使命。1M轿跑车是一个填补M系列空白的车型，也是一个评价两极分化的车型。1M轿跑车不仅有着双门的短小精悍的设计，更拥有由于动力远超抓地力带来的可怕动态。

宝马清醒地认识到，狂野不羁、极具个性的1M轿跑车虽然生产周期短，但在M粉丝中有极大的号召力，如果想防止这些客户转向竞争对手品牌，那宝马必须安排相应的后续产品。因此，在三年的间隔之后，M2于2015年底推出。M2完全继承了1M轿跑车的衣钵，只是宝马将名字做了改变，并对外观和技术做了改造和升级。

对于M2版本来说，比基础的M235i有变化是必要的。M2在各个方面都是真正的M车型。它的车身又短又宽，周身充满着肌肉感。车头经过必要的改造后有了宽大的进气口，进而有了更高的冷却效率，据说众多通风口的设计灵感来自传说中的 3.0 CSL。更宽的轮拱被更巧妙地整合到车侧身中，并带有通风口以帮助冷却制动系统，车尾新的扩散器让整车充满了赛道风格。

宝马工程师选择了一种非同寻常的方式来解决旧车型的抖动问题——他们增加了更多的动力。宝马宣传 M2 上的发动机是专为这车开发的，M2 的 N55B30TO 涡轮增压直列 6 缸发动机提供了超过 370hp 的功率和高达 500N·m 的转矩，配合可选装的七速 M 双离合变速器，紧凑到只有 1625kg 的 M2 由零加速到 100km/h 仅需 4.3s。与 M3 和 M4 不同的是，M2 的发动机使用了一个双涡管涡轮增压器，而 M3 和 M4 上是两个单涡管涡轮。但 M2 在其他方面遵循了 M4 的做法，比如采用了轻质铝制悬置部件、刚性副车架连接件、锻造轮毂以及升级的制动系统。虽然其转向系统是宝马的第一款纯电动助力转向，但提供了两种设置。此外驾驶员还可以调整变速器和发动机特性来改变车辆性格。

如果还需要更多证据来证明 M2 的强悍和张扬个性的话，那么它所配备的可由驾驶员选择的各种模式就足以说明问题——其中甚至包括一个"烟雾烧胎"模式，显然是为了给围观者留下深刻印象，并为当地的轮胎供应商带来生意。尽管这款车的价格高达 5.3 万欧元，而且只提供了拥挤的乘坐空间，但它还是迅速吸引了车评人的赞誉。他们对这款车卓越的性能、紧凑的车身设计以及令人着迷的驾驶体验赞不绝口，这些特点让人想起了经典的 M3 车型。是的，他们承认这款车还有一些需要改进的地方，但 M2 的出现本身说明宝马重新找回了其赛车运动的根基。

M产品序列的两端：在2019年的洛杉矶车展上，由M部门首席执行官马库斯·弗拉什发布M2 CS和强大的M8 Gran Coupe

M2在商业上取得了巨大的成功，它成为2017年M部门最畅销的车型。但M2在接下来的两年中继续取得了更大的成就。最终的M2 CS版本被普遍誉为M3的真正继承人，并被专业杂志《Autocar》宣布为"可能是世界上动态最好的前置后驱汽车"。在2020年夏天本书作者进行的采访中，在G80 M3和M4推出之前，M部门的高管们都宣称M2 CS是最忠实地代表M品牌精神的车型。

为2020年的M2 CS铺平道路的是2018年的雷霆版，它遵循了提供更强动力的M路径，在这种情况最大功率升级到了410hp，这主要归功于两个单涡管涡轮增压器和更高的转速。在如此强大的动力推动下，M2达到100km/h的速度只需要4.2s，选装M驾驶员选装包后最高车速可以达到惊人的275km/h。

这次升级的核心是来自M4的冷却系统，包括两个侧散热器、中央散热器组、机油冷却器和变速器冷却器。外观方面，双肾形格栅被扩大并涂成黑色。

悬架系统进行了进一步调整，发动机舱内加装了一对碳纤维加强杆以提高转向精度；电子动态稳定控制系统完全重新校准，按照宝马官方说法，牵引力控制系统不会干涉漂移动作。从这一官方表述中不难看出 M2 客户群体的偏好是什么。粉丝们称 M2 雷霆版要比标准版更有趣、更迷人。此外，与标准车型相比，雷霆版仅贵了 0.5 万欧元，这在宝马 M 的标准上简直无比划算。

在 2019 年底 M2 CS 发布时，没人敢回答这车是否值得令人咋舌的 8.9 万欧元的售价，因为这是普通 M2 的双倍价格。但正如三代前的 M3 CSL 需要一些时间才能被正确欣赏那样，M2 的价格上涨得太快，而功能和动力又增加得太少。然而，就像 CSL 一样，CS 证明了它不仅仅是增加的部分之和，而是再次像 CSL 一样找到了那个难以捉摸但至关重要的平衡点：一辆在赛道上表现卓越、在公路上既刺激又可预测的可靠的汽车，在日常驾驶中还能成为轻松的伴侣。

关键在于一系列看似微不足道的变化，这些变化不仅提升了整体性能，更重要的是增强了驾驶者的参与感。这款发动机也被称为 S55B30TO，其功率提升至 444hp，并将红线提高到 7600r/min，这让 M2 CS 的 0—100km/h 加速用时进一步缩短到 4.0s，最高车速提升到 280km/h。车身还应用了大量的碳纤维部件，包括重新设计的空气导流罩、车顶、赛车风格的前分流器和后尾翼等，既有助于改善空气动力学，又能减轻重量。漂亮的哑光金色 V 形辐条锻造轮毂则成为 M2 CS 外观识别的关键点之一。

这一切都神奇地运作良好，其中一部分功劳属于可选三种模式的自适应 M 悬架系统，在日常条件下提供不错的驾驶体验，快节奏驾驶时恰到好处的车身控制以及接近极限时有出色的稳定性。碳陶瓷制动系统首次出现在选项列表中，尽管常规的六活塞制动器轻松应对这台仅重 1650kg 的赛道机器的减速任务。

不知不觉间，M2 就被众多专业媒体与跑车进行对比评测而非从前的钢炮或运动轿车，其锐利的转向总是能赢得媒体的赞许。"这是一辆在路上驾驶非常出色且不会在赛道上失手的好车，"《Autocar》这样写道，"它比标准版更好、更锐利、更锋芒毕露，尽管体重增长了，但它甚至能给顶级的保时捷 718 带来压力。"

"在宝马改变自己的时候，会从如何制造汽车转到如何构思汽车。"《宝马博客》如此写道，"驾驶简单纯粹的一台车会让我们耳目一新、精神振奋，这也提醒我们什么是我们这个品牌所擅长的。忘记那个具有世界毁灭性能的 M8 雷霆版吧。你真正想要驾驶的是 M2 CS。"

那个曾经的坏男孩确实开始变得更好了——虽然驾驶感受仍有野性，但已不再那么令人毛骨悚然，其余可见的进步包括速度更快、更智能且更加有趣。

最终的 444hp 的 M2 CS 找到了日常可用性、激动人心的道路动态和辉煌的赛道性能之间的那个难以捉摸但至关重要的平衡点。很多关键的细节做法促进了减轻重量和与赛车版本建立了紧密联系——赛车甚至保留了常规 CS 版的仪表盘

2021年的M4和M3：全轮驱动、自动变速器和奢华的造型让这一代新车在精致和存在感方面成长起来，但手动变速器和后轮驱动被保留下来，以取悦铁杆粉丝

2021 M3 和 M4（G80 ~ G83）——最后的正统性能车？

作为宝马M部门50年历史中的核心车型和M品牌全球跑车粉丝们的精神寄托，M3轿车和M4轿跑车在2021年更新了。

作为精心策划的发布计划的一部分，第六代M3轿车和M4轿跑车于2020年9月首次在线向媒体发布，并于2021年最后一个季度分别在慕尼黑和丁戈尔芬投产。

延期投产的原因是多方面的，也许最敏感的是新车的外观，尤其是车头的两个巨大的垂直格栅。这种激进的新风格已经在Vision iNext和Concept i4两款概念车上出现，但并且没有得到广泛的接受。一些早期带有伪装的测试车的照片或许缓冲了公众逐渐接受新风格的过程。

新车的技术规格也被提前公布，因为宝马很清楚，M 铁杆粉丝会对 M3 和 M4 的两个关键方面感到不满，这两个方面都可能被解读为对运动性能的削弱。首先，新车从赛车风格的 M-DCT 双离合器变速器改为带液力变矩器的自动变速器；其次，提供全轮驱动，这在跑车中被视为异类。尽管这些功能已经在 2017 年的更大的 M5 上证明了其功效，但更纯粹的客户可能会不高兴，因此宝马认为在新 M3 和 M4 推出之前先解决这些问题是个不错的办法。进一步的信息显示，宝马还在开发一款 M3 旅行版。这款车型与 i4 概念车中传达的五门 Gran Coupe 车型一道，表明了新车将有一个更大的阵容，也许有五种车身样式：四门 M3 轿车、五门 M3 旅行版、两门 M4 Coupe、五门 M4 Gran Coupe 和 M4 软顶敞篷车㊀。

当核心车型 M3 和 M4 在 2020 年第三季度亮相时，仍然给 M 粉丝们带来了惊喜。和预料到的一致，许多人对大胆的新风格格栅和挑衅性的前脸设计表示愤怒，但就像克里斯·班戈笔下的 E65 7 系在 2001 年引起的喧嚣很快就平息那样，M3 和 M4 的外观风波也会很快过去。M3 和 M4 真正令人惊讶的是可供选择的范围如此之广：八速自动变速器并非强制性，因为六速手动变速器也是可选的；全轮驱动系统 M xDrive 也只是选装；雷霆版车型不是 6 个月后才提供，而是从一开始就发布。这些选项同时适用于 M3 轿车和 M4 轿跑车，这两款车型唯一的区别就是车身样式。总的来说，很明显宝马并没有忽视那些纯铁杆 M 粉丝。

新 M3 和 M4 基于公司的模块化架构（CLAR）平台，新车比其前代更长、更宽，并且保持了 M 的精髓——它们做到了更快和更强。标准版的 S58B30TO 直列 6 缸发动机的最大功率为 6250r/min 的 480hp，峰值转矩自 2650r/min 起至 6130r/min 均可保持在 550N·m 的水平。对于雷霆版来说，其功率上升至 510hp，转矩上升至 650N·m。通过八速 Steptronic 自动变速器，标准车型的 0—

▲ 这款四门 M3 轿车与光滑的 M4 轿跑车一样能够在赛道上做出极端的漂移动作。与 M5 一样，多种驾驶模式可以提个性化的驾驶体验

▼ 格栅：实在是够大了

㊀ 五门 M4 Gran Coupe 最终没有投产。——译者注

人们已经快认不出来2021年的M4是20世纪80年代的M3的后代了。M4在各个方面都有了长足的进步,并拥有近三倍的动力。联接起几代车型的是M系列无与伦比的动态体验

100km/h 加速时间为 4.2s,而雷霆版仅需 3.9s。所有车型的最高速度都被限制在 250km/h,不过选择了 M 驾驶包的话最高车速可放宽至 290km/h。

而悬架、制动、冷却和润滑系统都得到了 M 风格的升级,新一代车型还引入了几项创新功能以进一步拓宽车身动态选项的范围。新 M3 和 M4 首次搭载了可调制动系统,有舒适和运动两种制动模式。宝马提供的 M 专业驾驶包中还包括十级可调的牵引力控制系统,这让驾驶员可以精确地控制车轮滑动幅度,进而精细调整牵引力控制系统的干预水平。该系统也被集成到 M 动态模式选项中,其中一种设置允许可控的漂移。宝马还专门提供了一个安装在车内的 M 漂移数据分析器,以记录驾驶员在计时圈内的过度转向和反打方向盘等动作,并可以在 iPhone 上的宝马 M 圈速计应用程序查看。

宝马将所有安全辅助、导航和显示功能都集成在中控台上的 M 模式按钮下,因此,这些高度集中的电子系统简化了驾驶员的操作。所有与汽车动态相关的系统都被重整在中央设置按钮下,七组动力模式和底盘特性都可通过它直接访问调整,还包括手动档车型的换档提示辅助设置、四驱车型的 M xDrive 设置以及 M 专业驾驶包中的十级牵引力控制设置。

原始、直接的510hp赛道机器还是文明克制的适于州际巡游的豪华GT？M4试图成为多面手，也在电子化的方向上努力前行，不过关键功能仍然可以通过物理按钮和开关来控制

  潜在买家在面对宝马的配置单时一定会出现选择困难症。随着 G80 一代的推出，其个性化选项的范围和数量呈指数级增长。以制动为例：选择不仅限于 M 复合或 M 碳陶瓷制动盘，还有三种不同颜色的卡钳以及一种金色的碳纤维材料；锻造轮毂有两种款式和四种颜色可供选择。买家要对外观和内饰的一系列碳纤维附加组件做出选择，而非前代车型上仅有的碳纤维车顶一项。

  这些新车其实已经很难直接找到三十年前的 M3 那种原始的、狂野的基因了，它们的动力几乎增加了三倍，重量也增加了近一半，这也是今天的市场需求所致，因为要服务于更广泛的受众。对于 M 部门的工程师来说，这其实意味着更高的标准：这些汽车必须舒适、精致，必须易于在日常驾驶，但同时也要提供硬核 M 粉丝所要求的令人兴奋的赛道驾驶体验。

时间扭曲：宝马曾在21世纪初考虑过推出一款旅行车版本的E46，现在旅行版本的M3在G80一代问世了

"M的卓越性能和日常使用之间的平衡达到了一个新高度，"宝马M有限公司董事会主席马库斯·弗拉什说，"每一辆宝马M车型都把赛车技术带到了公路上。"

在M3和M4上，这一点尤为重要，因为这是宝马M部门最动感、最具代表性的车型，也是M粉丝们视为M品牌英雄的汽车，即宝马极致动态的代表。F90 M5以其丰富的先进动力系统，证明了看似矛盾的豪华与敏捷和高性能确实可以在一辆车上结合，并且可以让每个人都满意。虽然这对客户群更加多样复杂的M3和M4来说并不简单，但不论口味如何刁钻的爱好者，新车都提供了诸多的技术以供选择，这证明了M部门的实力。

10　2020年代：M2、M3、M4、M5——日臻完善的涡轮增压　　157

慕尼黑的宝马艺术车回顾展（上图，从左至右）：
大卫·霍克尼的1995年的850 CSi；杰夫·昆斯的2010的M3 GT2；A.R.彭克的1991年的Z1；csamar Manrique的1990年的730i；恩斯特·富克斯的1982年的635 CSi
下图所示为：罗·李奇登斯坦的1977年的320i赛车；1979年的安迪·沃霍尔M1；还有罗伯特·罗森伯格的1986年的635CSi

M2 (F87)

车型和代号	
M2, F87	M2 CS, F87

成名之处	
顽童般的紧凑型跑车重燃了早期M3车型的魔力；尽管存在一些不足之处，但它仍能带来动力、优雅和刺激的驾驶体验	令人兴奋的回归M的根源：快速、原始、反馈极佳，M最出色的车型之一

生产时间	
2014—2020	2019

产量	
60020（所有型号）	不详

起售价格	
€53000	€89200

发动机型号与类型	
S55B30TO, 直列6缸，双顶置凸轮轴24气门，Valvetronic 可变气门升程，双涡轮增压	S55B30TO, 直列6缸，双顶置凸轮轴24气门，Valvetronic 可变气门升程，双涡轮增压

排量/mL	
2979	2979

最大功率/hp@r/min	
370@6500	444@6250

最大转矩/N·m@r/min	
465@1400—5650 加 35 N·m 增压	550@2350—5000

变速器和驱动系统	
6速手动变速器，后驱，Active M差速器	7速M-DCT双离合自动变速器，后驱，主动M差速器

前悬架	
双A字形连杆、控制臂、螺旋弹簧/减振器单元	双A臂、控制臂、螺旋弹簧、自适应M型减振器

后悬架	
五连杆式悬架，螺旋弹簧	五连杆式悬架，螺旋弹簧，自适应M型减振器

车身形式	
双门轿跑车	双门轿跑车

净车重/kg	
1625	1650

最高车速/（km/h）和0—100km/h加速用时/s	
250（电子限速）/274；4.5（4.3配M-DCT）	250（电子限速）/280；4.0

年度产量	
2020	9428
2019	12992
2018	14501
2017	14961
2016	7906
2015	226
2014	6
总计	60020

有关车型数据来源，参见221页。

M5 (F90)

车型和代号
M5, F90

成名之处
第二代涡轮增压M5拥有全轮驱动、自动变速器和巨大的动力；速度极快，但操控更精准、更安全、更令人兴奋——这是一款出色的全能车型

生产时间
2016—2024

产量
22886（截至2020年）

起售价格
€107250

发动机型号与类型
S63B44T4, 90° V8发动机，双顶置凸轮轴32气门，双涡轮增压

排量/mL
4395

最大功率/hp@r/min
600

最大转矩/N·m@r/min
750

变速器和驱动系统
8速M Steptronic自动变速器，xDrive全轮驱动，主动转矩分配，主动M后差速器

前悬架
双叉臂式独立悬架，螺旋弹簧/减振器单元，横向控制臂

后悬架
五连杆复合悬架配有控制臂、螺旋弹簧和电子控制减振器

车身形式
四门轿车

净车重/kg
1950

最高车速/（km/h）和0—100km/h加速用时/s
250（电子限速）或305（附带选装的M驾驶包）；3.4

年度产量	
2020	4020
2019	6511
2018	11726
2017	573
2016	56
总计（截至2020年）	22886

M3 & M4 (G80/G83)

车型和代号	
M3, G80	M4, G83 |//
成名之处	
双涡轮M3拥有更强的动力,可选配自动变速器和全轮驱动系统,这使得它在保持尖端性能的同时,拥有更广泛的受众群体	2021款M4是在M3的基础上进行升级,以满足更高功率和更广泛的客户需求;提供了新的动力总成选择
生产时间	
2018至今	2019至今
产量(截至2020年)	
527	242
起售价格	
€91200 (雷霆版)	€93000 (雷霆版)
发动机型号与类型	
S58B30TO, 直列6缸, 双顶置凸轮轴24气门, Valvetronic可变气门升程, 双涡轮增压	S58B30TO, 直列6缸, 双顶置凸轮轴24气门, Valvetronic可变气门升程, 双涡轮增压
排量/mL	
2979	2979
最大功率/hp@r/min	
480@6250 雷霆版: 510@6250	480@6250 雷霆版: 510@6250
最大转矩/N·m@r/min	
550@2650—6130 雷霆版: 650@2750—5500	550@2650—6130 雷霆版: 650@2750—5500
变速器和驱动系统	
6速手动变速器, 后驱或可选M xDrive全轮驱动	6速手动变速器, 前驱或可选的M xDrive全轮驱动
可选装的变速器	
8速M Steptronic自动变速器	8速M Steptronic自动变速器
前悬架	
双A字形连杆、控制臂、螺旋弹簧/减振器单元	双叉臂式悬架, 控制臂, 螺旋弹簧/减振器单元
后悬架	
五连杆式悬架, 螺旋弹簧, 电子控制减振器	五连杆式悬架, 螺旋弹簧, 电子控制减振器
车身形式	
四门轿车, 五门旅行车	双门轿跑车和敞篷车
净车重/kg	
1705 1730 (雷霆版)	1700 (轿跑) 1725 (雷霆版)
最高车速/(km/h)和0—100km/h加速用时/s	
250 (电子限速)/290; 4.2 (雷霆版: 3.9)	250 (电子限速)/290; 4.2 (雷霆版: 3.9)

年度产量

2020	428	2020	211
2019	94	2019	31
2018	5	总计(截至2020年)	242
总计(截至2020年)	527		

M6、M8
高端轿跑

奢华的生活方式与赛道的动感结合，
是否是成功的秘诀？

11

M8于2018年推出，
见证了宝马双门
轿跑车/敞篷车升级为
真正的豪华车型，
成为该品牌的技术
旗舰以及时尚和
魅力的最佳展示载体

▶▶ 第三代M6双门跑车拥有其前代车型所缺乏的优雅与和谐，但其源自M5的底盘和V8涡轮增压发动机标志着高转速V10发动机的终结。中期改款后的雷霆版功率提高到600hp，但其奢华的配置带来的体重增加意味着2011款M6更像是一辆豪华GT，而非纯种跑车

最初的 1986 款 E30 M3 和 1985 年的 E28 M5 轿车是 M 品牌传奇故事的核心，但即使是最狂热的粉丝也常常记不起 M 故事的开端是优雅的高端轿跑。然而与一直延续换代的 M3 和 M5 车型相比，大型轿跑车并非常有，一些粉丝甚至会争辩说，在 1984 年版本之后再无可与初版匹敌的经典。

最早的 6 系车型要追溯到 1976 年，这款轿跑基于当时的 5 系轿车技术打造。6 系并不是一炮而红，而是在 1984 年换装了 M1 超跑上 24 气门发动机后才开始在性能车榜上崭露头角。这就是 M635CSi，在北美市场上称之为 M6。永不过时的优雅气质和 M6 版本压倒性的动态表现让 6 系轿跑一直生产到 20 世纪 80 年代末，但令人惋惜的是，6 系没有直接的后继车型，因为配备强大的 V12 发动机的 8 系轿跑车已经就位，6 系要为 8 系让路。宝马运动部还计划打造一个更强的 M 版本的 8 系，可惜最终这个计划流产了。

M 客户不得不等待整整 16 年，才等到 6 系的回归。新 6 系在 2003 年以 645CSi 轿跑（车型代号 E63）和敞篷车的形式出现，采用了颇具争议的克里斯·班戈设计风格。M6 版本则在两年后的 2005 年发布（见第 7 章），其采用了声音嘹亮的 V10 发动机、不太受欢迎的 SMG Ⅲ 变速器以及 E60 M5 的底盘系统。M6 的生产持续到 2010 年 9 月，总共生产了 14152 辆轿跑和敞篷版。M6 的停产也标志着一个时代的结束，因为豪华的 V10 动力也随着 M6 一同离开了。短暂的沉寂后，M6 的换代车型 F10 在 2012 年发布，它基于新的 M5 底盘技术，但是发动机也从 V10 转为新的双涡轮增压 V8。

从前 6 系与 8 系的故事在 2019 年重复了一遍，即新的 M8 取代了新的 M6。因为 21 世纪 10 年代中期宝马的大型轿跑面临一个众所周知的困境：是应该成为一款纯粹的跑车来与保时捷 911 等竞争，还是成为一款有一定赛道性能但更具豪华性和长途旅行舒适性的大型 GT 呢？另一方面，M 部门有能将普通宝马轿车转变为赛道机器的神奇能力，但在超级跑车和敞篷车方面的心得却不如前者，这确实有些令人失望。最终的结果是，M6 和 M8 确有一些忠实粉丝，但这两款车难言成功，其声望和粉丝忠诚度也远远比不上 M5 等车型。

纯种跑车还是豪华 GT？ M6，F06 及 F12/13 的身份危机

宝马在 2011 年初推出新 6 系时，有一种明显的轻松感：轿跑车和敞篷版的长而流畅的线条自带优雅气质，这是一年前上代 6 系停产后宝马的产品中所缺少的，因此新 6 系的到来水到渠成。不久之后，宝马第三种车身形式出现了——时尚的 Gran Coupé，即轴距更长、车顶低矮而倾斜但后部空间大得出人意料的四门 GT 跑车。

M版本在接下来的两年内陆续推出，它们都基于当前F10 M5轿车平台和技术。这意味着M6具有强大的S63双涡轮增压V8发动机，其6000～7000r/min之间都可达到560hp的峰值功率，并通过M5的七速M-DCT变速器将动力传递到后轮。宝马还着重宣传新M6车型"强烈的M体验"，指出它们不仅比前辈更快更强，而且效率提高了30%。

碳陶瓷制动系统是主要的选装配置，北美客户可以选择六速手动变速器，只不过只有少数人真的选了手动档。

宝马给出的高昂定价加之汇率原因使得M6的价格越来越接近六位数，尽管新车的风格和配置受到了人们的赞许，但人们对比M5贵出30%的M6的前途表示担忧——M5有更宽敞的空间、配置和舒适性，还更便宜。然而，在乘坐舒适性方面，两辆车都受到了批评，即使是在最宽容的三种底盘设置中也还是不够舒服。在性能方面无可争议，因为0—100km/h加速只需4.2s，如果买家愿意支付额外费用选装M驾驶员包的话，M6最高速度可以超过300km/h。

M6在第二年推出了竞赛套件车型，得益于重新调整的增压器工作策略，发动机增加了15hp。与之相伴它还有升级了的悬架、更快的转向速比、20in轮毂以及主动M差速器的新标定。在2015年中期完成轻度改款后，M6的格栅被扩大，雷霆版车型则将动力提升至稳定的600hp。悬架再一次增强，即采用了新的弹簧、减振器和防侧倾杆。但专业媒体《Autocar》对这一版本提出了批评，他们抱怨说："发动机响应存在一些滞后……强劲动力要犹豫一下才来。"他们还指出，M6需要在不限速高速公路上才能发挥出最佳性能。

在三种车身风格中，四门Gran Coupe最受市场欢迎，与奥迪RS7和梅赛德斯-奔驰CLS级AMG版本等直接竞争对手相比销量不错，比起保时捷Panamera更是如此。相比于保时捷911等车型竞争的常规双门轿跑，M处理的有肌肉感但不过分硬朗的性格似乎与Gran Coupé的豪华四座GT形式更搭。

时尚的旅行：对许多顾客来说，M6作为一款速度惊人的四座敞篷车更有意义，因为它的悬架更柔软舒适。更有型、更低趴的四门Gran Coupé车型子后来推出，在商界精英圈子里取得了成功

M8 F91 ~ F93：注重动力与科技的宝马旗舰

作为以数字 8 开头的车系，宝马在 2018 年宣布它将替代 6 系之时就将其定位为 7 系之上的宝马旗舰车型，M8 将是宝马品牌风格和魅力的形象大使。当然它也注重技术创新，比如在 2019 年开始交付的 M8 就是极致性能的代表。

M8 的故事始于 2017 年春天举办于意大利莱科斯的维拉·德·埃斯特（Villa d'Este）的经典车优雅竞赛（Concorso d'Eleganza）。宝马选择在这一盛会上展示其 Concept 8 概念车，这是一款采用深蓝色涂装的双门豪华轿跑，在外观上有着明显的阿斯顿·马丁风格，尤其是车顶的后部。不出所料，宝马正式宣布正在开发一款 8 系车型，并表示同时在全力研发相应的 M 型号。宝马还透露，他们正在开发一款 M8 GTE 赛车版本，并利用该版本在下一年重返勒芒 24 小时耐力赛。

在 2018 年 3 月的日内瓦车展上，8 系的 Concept M8 Gran Coupé 四门概念车型亮相，说是概念车，其实明显更接近量产。这款四门 GT 的出现标志着宝马向保时捷和奔驰等对手发出了明确的挑战。双门轿跑量产版于同年夏天在勒芒首次亮相，量产工作开始于夏季末期，产地为丁戈尔芬（Dingolfing），量产车型中的顶级型号为配备 530hp 的 V8 发动机、Steptronic 自动变速器以及智能 xDrive 全轮驱动系统的 M850i xDrive。

渴望向世界展示的新M8是一辆真正的跑车，而非仅是一辆豪华轿跑车。宝马甚至在量产车推出之前就开始了M8 GTE的赛车计划。作为一款体重不轻的跑车，M8雷霆版在赛道上表现得非常出色

作为整个宝马集团的技术旗舰，M8代表了豪华、先进技术，并拥有宝马有史以来最强大的发动机，其创新还包括可调节制动反馈功能。至此，M8的价格已经超过了保时捷，进入了阿斯顿·马丁和宾利的地盘

　　M8的技术亮点之一是集成的主动后轮转向，该系统能让后轮小角度转向，进而提升高速稳定性的同时增加低速敏捷性。在发布时，M8的价格为略低于12万欧元，其定位也为豪华GT而非跑车。在铺天盖地的媒体宣传的同时，M8车型就迅速出现在展厅中与公众见面。M8的发动机是一件杰作，其雷霆版上的V8发动机是宝马有史以来最强大的动力单元——其最大功率达到了625hp。

　　在其余的技术方面，M8紧随导师M5的脚步，配备了八速Steptronic自动变速器和M xDrive全轮驱动系统，和M5一样，其动力输出更偏向后轮，在赛道使用时可以进入后驱模式。与标准8系相比，M8采用了更硬的发动机支承，因此也获得了更快的加速响应。

　　宝马将毕生绝学都倾注在了M8上，比如它配备了可调式制动器和碳陶瓷制动盘、激光前照灯（再次为选配），变速器与导航系统联网，因此有先进的换档策略，可使M8在弯道前降档，并在连续弯道中保持较低的档位。这些以及其他底盘动态系统都可以通过中控台上的按钮和方向盘上的两个红色M自定义按钮来主动切换或保存设定，只不过M8取消了普通8系上的主动后轮转向。M8的配置看起来像豪华轿车而不是跑车，因此体重控制不住不可避免——其总重量接近两吨。尽管如此，宝马仍然声称"接近超级跑车级别的性能"——严格来说，宝马没有说谎。

碳纤维车顶的轿跑版M8在3.2s内即可达到60mile/h的速度，织物车顶的敞篷版也能在3.3s内达到60mile/h。如果选配了M驾驶员套件，这两种车身形式的车型的最高车速都可突破300km/h的大关。

作为宝马品牌的旗舰，M8的价格比其前身高出很多，随便选装几项就会让车价超过16万欧元。这代表了宝马品牌的大幅提高——将8系从豪华级提升到真正的超豪华级，出现在阿斯顿·马丁和宾利这样的古典超豪华玩家的牌桌上。

早期的车评人不认为这是一个明智之举，一个共性的批评是M8确实在赛道上表现得非常出色，但很难隐藏它的重量。其中一位车评人说，M8是一个优秀的长途机器，具有能够无惧所有路面的舒适性；另一位赞扬M8精准的转向和在被推到极限时的良好的可预测性；第三位则非常喜欢M8敞篷车放松的性质及其特定底盘调校。但是所有人都认为M8缺少两样东西：一是M车型应有的干脆利落的参与感，另一样是像宾利这样的贵族品牌相关的那种纯粹的仪式感。

"这是一款非常豪华的旅行车。"一位车评人如此写道。而另一位的评价则是"和真正的强动力跑车相比更像七系"。显然，众多车评人想要8系面面俱到、处处精彩。但宝马的客户们给出了最终的答案：在该上市后的前三年里，有超过41000辆8系交到客户手中，而其中近五分之一都是M8。

▼ M8的Gran Coupe版更实用，甚至可以用作商务用途，但却没能提供M6那样干净清爽的驾驶风格

▼▼ 杀手锏：通过前所未有的625hp和M xDrive全轮驱动以及主动M差速器，M8雷霆版可在3.2s内加速到100km/h，极速可达305km/h

M6 (F06, F12/F13)

车型和代号	
M6 双门轿跑, F13; M8 敞篷, F12	M6 四门Coupe, F06
成名之处	
基本上是一辆更豪华的M5：既优雅又强劲，但不确定它是否是一款纯粹的跑车或GT车型	低底盘的轿跑车型，有四扇车门和后排座椅；低调的成功之作
生产时间	
2011—2018	2013—2018
产量	
15552（所有M6车型）	不详
起售价格	
€113000	€117500
发动机型号与类型	
S63 B44TO，90° V8发动机，32气门，双顶置凸轮轴，Valvetronic可变气门升程，双涡轮增压	S63 B44TO，90° V8发动机，32气门，双顶置凸轮轴，Valvetronic可变气门升程，双涡轮增压
排量/mL	
4395	4395
最大功率/hp@r/min	
560@6000—7000	560@6000—7000
最大转矩/N·m@r/min	
680@1500—5750	680@1500—5750
变速器和驱动系统	
七速M-DCT双离合自动变速器，后轴带有主动 M差速器	七速M-DCT双离合自动变速器，后轴带有主动 M差速器
可选装的变速器	
六速手动变速器（仅限北美地区）	六速手动变速器（仅限北美地区）
前悬架	
双横臂式独立悬架，带有横向连杆，螺旋弹簧减振器单元和电子减振器	双横臂式独立悬架，带有横向连杆，螺旋弹簧减振器单元和电子减振器
后悬架	
带螺旋弹簧和电子减振器的整体多连杆悬架系统	带螺旋弹簧和电子减振器的整体多连杆悬架系统
车身形式	
双门轿跑车和敞篷车	四门轿跑车
净车重/kg	
1850（轿跑）	1875
最高车速/（km/h）和0—100km/h加速用时/s	
250 (电子限速)/300; 4.2 (轿跑)	250 (电子限速)/300; 4.2

年度产量	
2018	308
2017	922
2016	1500
2015	2342
2014	2715
2013	4736
2012	2954
2011	75
总计	15552

有关车型数据来源，参见221页。

M8 (F91 - F93)

车型和代号	
M8, F91/F92	M8 Gran Coupé , F93
成名之处	
搭载了众多高科技的豪华车型, 拥有强大的动力和精巧的底盘, 但作为一款纯正的跑车却未能达到预期效果	奢华的高科技旗舰车型在某些方面可能比保时捷911更胜一筹, 尤其是作为一款优雅的四门轿车
生产时间	
2017年至今	2019年至今
产量	
7254 (所有版本至2020年)	不详
起售价格	
€169700 (雷霆版)	不详
发动机型号与类型	
S63 B44T4, 90°夹角V8发动机, 32气门, 双顶置凸轮轴, Valvetronic 可变气门升程, 双涡轮增压	S63 B44T4, 90°夹角V8发动机, 32气门, 双顶置凸轮轴, Valvetronic 可变气门升程, 双涡轮增压
排量/mL	
4395	4395
最大功率/hp@r/min	
600@6000 雷霆版: 625@6000	600@6000 雷霆版: 625@6000
最大转矩, N·m@r/min	
750@1800—5600	750@1800—5600
变速器和驱动系统	
八速M Steptronic自动变速器, M xDrive全轮驱动系统, 带有主动 M后差速器	八速M Steptronic自动变速器, M xDrive全轮驱动系统, 带有主动 M后差速器
前悬架	
双叉臂式悬架、螺旋弹簧、横向控制臂, 自适应M减振器	双叉臂式悬架、螺旋弹簧、横向控制臂, 自适应M减振器
后悬架	
五连杆复合悬架配有控制臂、螺旋弹簧和自适应M型减振器	五连杆复合悬架配有控制臂、螺旋弹簧和自适应M型减振器
车身形式	
双门轿跑车和敞篷车	四门轿跑车
净车重/kg	
1965 (轿跑)	2090
最高车速/(km/h)和0—100km/h加速用时/s	
250 (电子限速)/305; 3.3 (轿跑), 3.2 (雷霆版)	250; 3.2 (雷霆版)

年度产量	
2020	3104
2019	3986
2018	161
2017	3
总计 (截至2020年)	7254

M 引爆了 SUV
军备竞赛

对速度的渴望让M将重量级的四驱车型带入600hp俱乐部

12

大型X5M和X6M的成功促使宝马尝试将战略扩展到中型SUV领域，因此推出了高性能的X4M和X3M（见右图）

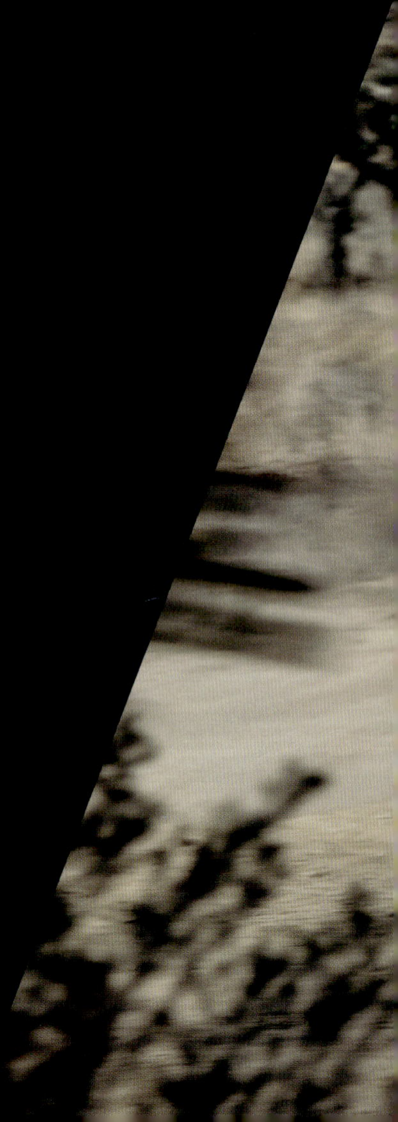

宝马在 1999 年推出第一代 X5 时，可以说已经进入了 SUV 细分市场。这款车型大受欢迎，因为它驾驶起来像一辆轿车一样灵活，易于操控，并且转向和制动都能给驾驶员极大的信心而非挣扎和抗议。其他厂商也注意到了这一点，开始进入豪华 SUV 领域，但到 2006 年第二代更大的 X5 上市时，宝马再次领先于对手们，因为宝马补充了面向更喜爱运动性能、更注重设计的的客户群的溜背式 X6。X5 和 X6 很快都衍生出了高性能 M 版本（见第 8 章），这令一些车评人感到恐惧，但也让宝马的财务部门和买家欣喜不已，因为 X5 和 X6 将曾经不可能的组合——阳刚之气与直线速度完美地结合在了一起。

拜 M 部门工程师们的努力所赐，SUV 车型在功率、速度和性能的边界上已经远远超出了 1999 年任何人所能想象的程度。最初的 X5 拥有 286hp，并能在 7s 内达到 100km/h 的速度，这在当时令人印象相当深刻。相比之下，今天的 X5M 拥有强大的 625hp，在 3.8s 内就能由静止达到 100km/h 的速度，并且最高车速可达 290km/h。从任何标准来看，这都是巨大的进步，这也正是那些爱拉风的客户想要的东西。

X5M 和 X6M，F85/86：动力战升级

第一代 M 开发的 SUV 不仅带来了客户，还为宝马带来了一头利润奶牛。在技术层面，这些车型成功地解决了此前一直被视为不可能的问题——让一辆

当F85/86一代在2014年推出时，新X6M极具攻击性的外观引起了不少批评。新X6M与机械规格相似的X5M一道，在外形、功率和重量上都有了很大的提升：现在有了一个更加高科技的底盘，X5M和X6M有了近乎无视重量与块头的超高性能

高大的多功能越野车加速、制动、转向和操控像跑车一样——至少像一辆不错的高性能轿车那样。

X5M和X6M之间最大的区别就在于车尾，许多人觉得X6M的造型更令人生畏。主动防倾杆让这两款车在赛道内外都有惊人的灵活性

　　因此，对于X5M的第二代和其伴生车型X6M，宝马决定用最简单也是最棒的方案：配料不变但加量。F85/86 M车型于2014年洛杉矶车展上发布，并在南卡罗来纳州工厂投产，值得一提的是动力总成是从德国运来的。

　　自动变速器从六速升级到八速；4.4L S63B44T2 V8发动机配备了双涡轮增压器，两个涡轮增压器仍然位于气缸之间，也就是"热V"布局；发动机功率提高了4%，达到575hp，因此将0—100km/h的加速时间缩短至4.2s。

　　为了符合宝马M"决胜北环"的法则，所有以M命名的汽车都必须在纽北赛道以及其他测试地点进行开发。对于X5M和X6M来说，这意味着发动机内的特殊供油系统要足够应对持续1.2g的过弯负荷，以及通过多个散热器、热交换器和机油冷却器来强化散热系统。

　　M工程师实施的悬架升级包括使用新的全新的前摆臂几何形状以增加外倾角和外倾角增益、降低10mm的行驶高度，以及升级所有的衬套并提供了主动

防倾杆和后悬架自调平系统。和其他宝马车型一样，驾驶员可以通过选择不同的驾驶模式来改变车辆动态特性，车上的动态稳定系统（DSC）在M动态模式下甚至允许宝马所说的"轻微漂移"。

与之前的型号相比，F85 X5M在进气口、轮拱和排气方面更具侵略性。F86 X6M更进一步：其倾斜的侧窗玻璃、低矮的车顶线以及溜背式的车尾后部使其姿态更加有力，后轮拱上方凸起的折痕和复杂的后保险杠（带有四出排气管、中央扩散器、嵌入式通风口和灯）同样凸显了力量感。机械上，这两款车完全相同，因此呈现出同样精妙的驾驶感受：精准且厚重，需要加速时如闪电般迅速，驾驶起来有着令人惊喜的精准性，尤其是在开放道路上快速并线时有着与重量和体型不相称的精准。

到了2018年，这些第二代M品牌SUV车型即将换代时，它们已经吸引了大批模仿者——包括奥迪、保时捷和奔驰这样的传统对手，以及凯迪拉克、阿尔法·罗密欧、雷克萨斯、捷豹和宾利等。甚至兰博基尼、劳斯莱斯和阿斯顿·马丁也加入了超级豪华SUV的行列。

X3M和X4M，F97/98：强大的中量级的选手未能达到目标

宝马的中型SUV双胞胎于2019年推出了M开发版本，但它们的历史可以追溯得更远——事实上，可以追溯到第一代X4的亮相，而X4本身是第二代X3的直接衍生产品，后者可追溯至2010年。更大的X6某种意义上也与前两者有渊源，因为正是X6在市场上的成功——尽管设计界对此提出了抗议——使

看起来和奢侈品般的X5M和X6M很像，中等尺寸的X3M和X4M使用与M3相同的双涡轮直6发动机

宝马敢于尝试把类似但缩小尺寸的轿跑车风格技巧赋予较小的X3。

直接把X6缩小为2014款X4的方式带来了有点怪异的比例和细节，这再次引起了口味挑剔的粉丝们的不满，于是，作为方正且实用的X3的运动型兄弟车型，溜背式的X4很快就被M接手改造。2015年宝马为X4 M40i举办了首发仪式，展示了宝马新推出的双涡轮增压直列6缸发动机，提供了355hp的充沛动力，与之相应的是M-Performance规格的底盘。尽管宝马没有声称全美生产的该车都是由M部门工程师开发的，但都因不错的性能而受到称赞，除了低速行驶舒适性不够理想。即便如此，X4 M40i在许多方面都达到了2019年正宗M版本的标准。

正宗的M版本在2019年春季发布时备受期待。这不仅是宝马著名的M部门工程师首次关注这些紧凑的SUV，而且也是为明年更受期待车型——下一代M4和M3做准备，不言而喻，这两款车是整个M品牌的支柱。为何？因为宝马已经透露它正在开发一款全新的高性能直列6缸发动机，而X3M和X4M将是第一批受益者。

宝马对这款发动机的宣传丝毫不谦虚。"这是有史以来宝马M车中最强大的直列6缸汽油发动机，"新闻发布会邀请函上写道，"它具有令人惊叹的性能。"确实，这些都不是夸大其词：这款3L排量的发动机因内部部分特殊形状不便铸造而使用了3D打印技术，其结果是这款发动标准状态下即可产生高达480hp的动力，而雷霆版更是具有令人难以置信的510hp；最大转矩均为600N·m，最高转速限制设置为7300r/min，比峰值功率点高出1000r/min以上。宝马官方数据显示雷霆版0—100km/h的加速时间仅为4.1s，选装了M驾驶员选装包后最高速度达到280km/h。双颗粒过滤器和四层催化剂确保了尾气的清洁，239g/km的CO_2排放量相对强大性能来说也是合理水平。

与新发动机相配合的是八速Steptronic自动变速器、M xDrive全轮驱动和主动M差速器，这些都来自M5。在驾驶模式等动态调节方面，新车型几乎就是直接从M5复制粘贴而来。唯一的例外是没有纯两驱模式，尽管DSC仍然允许在M动态模式下有一定程度的可控车轮滑动。

外观上，X3M和X4M更显肌肉感，其典型特征包括20in或21in的轮毂、雷霆版车型上的高光黑色双肾格栅以及前部更大的进气口，以满足发动机在高强度使用时对散热的的需求。

一如以往的M车型，87000欧元的起价让人倒吸一口凉气，但当看到第一批试驾媒体的锐评，才发觉高昂售价之冲击简直不足挂齿："这部车很不'M'，它的实际性能辜负了奢华用料，这与以往M有限公司出品的表现恰恰相反。"

三星级甚至两星级的评级是常态，因为媒体记者们对新直6发动机的动力

全新的S58 B30TO直列6缸发动机在安装在新的M3和M4之前率先应用于X3M和X4M，标准版车型中最大功率为480hp，而雷霆版车型达到了510hp，因此加速到100km/h仅需4.1s

虽然与X4M有同样强大的动力总成,X3M呈现了一个侵略性不那么夸张的外观;更有表现欲的X4M(红色)有一个更运动的姿态和更大胆的细节。内饰是相同的,两者都充满着M品牌的激情

和响应颇为称赞,但称其"声浪的干瘪是很大的败笔,在赛道上敏捷、紧致但公路上却表现糟糕"。X3M和X4M最大的最普遍的抱怨是乘坐舒适性近乎没有,即使悬架设置里有"舒适"模式。

"太硬、太安静、毫无灵魂,"《Top Gear》如此写道,"它充斥了太多我们不喜欢的现代汽车的特点,又缺少了太多我们喜欢的宝马佳作的属性。"

来自有影响力媒体的双面评价或许是意料之中的,尤其是考虑到宝马曾敦促记者不要将X3M和X4M视为笨重的SUV,而是将其视为运动轿车,只是碰巧拥有更高的车身。但实际上记者们对宝马罕见失误之一的批评背后是更深的隐忧:如果新的X3M和X4M是即将推出的M3和M4的预演,那么M品牌是否会跌落神坛?那些M品牌的中流砥柱车型是否也会变成令人失望的二星车?

2020款的宝马X5M和X6M不仅有更强的动力，还有更昂扬的气质

X5M 和 X6M，F95/96：仿佛猎犬遇到了巴士，全面超越

2020 款 X5M 和 X6M 以更宽但更显轻盈的外观和公众见面了，更宽更精细的前照灯、面积更大更醒目的（通常为黑色饰面）宝马格栅以及几乎贯穿的尾灯都是新车气质的基础。车身侧面的轮廓更加平静和克制。尽管两款 M 型号均配备了具有多个通风口的专用前保险杠，但整体效果并不那么咄咄逼人。

不过机械规格就不是这样了。宝马称这两款新车"是遵循经典 M 系列的动感、敏捷和精准设计，并结合多功能性和外向性的现代豪华"。新 X5M 和 X6M 的发动机最大功率达到了 600hp（雷霆版为 625hp），车身结构得到了进一步加强，还有很多提升，比如采用更高刚度的发动机支承、进一步调校的自适应 M 悬架系统、转向系统和制动系统。车轮也更大了，前轮采用 21in 轮毂，后部则是更宽更大的 22in 轮毂。

车内的互联和控制系统升级至用在宝马其他顶级车型上的最新技术。其新功能包括抬头显示、多主题的显示模式，驾驶员可以选择显示标准或运动化的主题，还可以用纯粹的赛道显示主题，这能去掉所有与赛道驾驶无关信息的干扰，比如短信和导航提示等。

极致的运动性:雷霆版上微调后的双涡轮增压V8发动机可达625hp,因此0—100km/h加速用时不到4.0s。虽然这些车型的绝对性能毋庸置疑,但一些人开始质疑其越来越硬朗的形象和290km/h的最高速度

  新 X5M 和 X6M 的产品特征之一是发光格栅,但这却引起了很多负面评论。因为这种通过彩色灯光来强化车身特征的做法在业界开了一个不好的头,这令许多人感到沮丧。令人高兴的是,和新车诸多方面都采用富富有余的理念一致,性能方面也是如此。在标题为《猎犬遇到巴士》的文章中,《Cars》杂志的编辑乔治·卡什尔(Georg Kacher)质疑将 M5 的动力总成装到 X5 上有何意义,但他也折服于车辆令人眩晕的动态。

  《汽车杂志》的编辑克雷格·卡铂(Greg Kable)认真评测 X6M 后也表现出很矛盾的态度:"如果渴望灵巧,你最好选择 M 品牌的其他车型。"他还表示:"尽管 X6M 是很吸引人的,但是它吸引人的点并非愉快的操控,而是狂野的动力以及变速器和四驱系统带来的各种路况都十分优秀的牵引力。"

　　顺带一提，这种具有超强动力机器的惊人表现引发了激烈的讨论：这种有超过 600hp 的车型是应该被允许继续发展，还是受到气候变化、炫耀性消费等社会和政治方面的制约而让其有所收敛？毕竟特斯拉、捷豹和保时捷等公司已经用纯电车型证明零尾气排放和惊人性能可以兼得，主流制造商也在采取行动，努力做到在 21 世纪 30 年代中期淘汰内燃机，超跑品牌们也似乎有所行动。

　　那么，这些动力充沛的 SUV 会成为抵抗电动革命的最后一道防线吗？这些肌肉发达的男孩会被视为最闪亮的仔，还是濒临灭绝的恐龙呢？

◀◀ 细节很重要：豪华性能SUV领域的客户看重的是设计特点和清晰的M品牌，而不是动力和速度。内饰设计遵循相同的风格，但对比鲜明的尾灯显示了宝马如何区分张扬的X6M与同样强大但务实很多的X5M

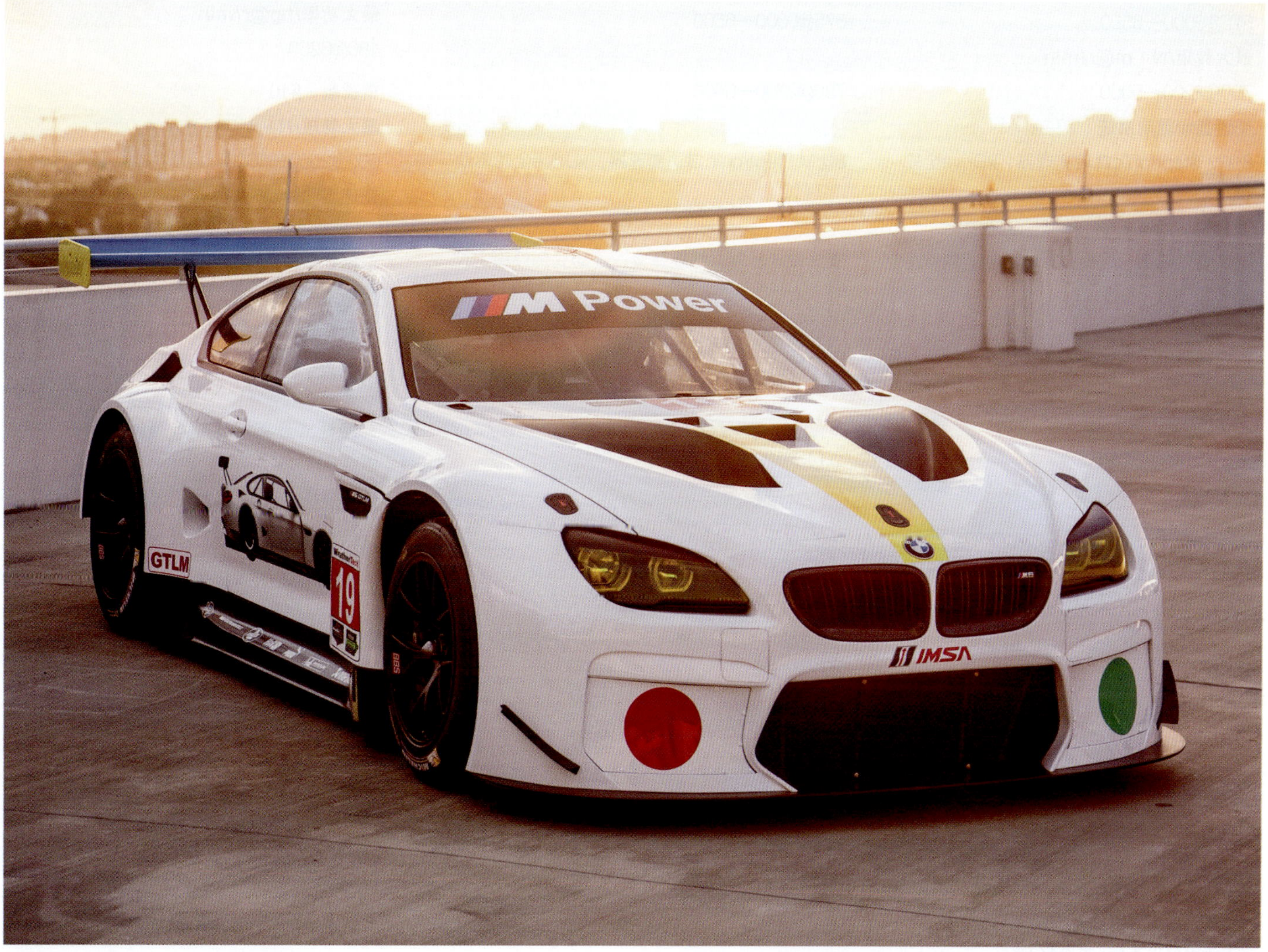

X5M & X6M (F85/F86)

车型和代号	
X5M, F85	X6M, F86

成名之处

重型SUV经由M部门改造成为动力强劲且响应迅速的四驱车型	兴奋剂般超跑级别的性能：攻击性的霸气外观搭配技术先进的盘底

生产时间

2013—2018	2013—2019

产量

12915	9794

起售价格

€108650	€112150

发动机型号与类型

S63 B44T2，90°夹角V8发动机，32气门，双顶置凸轮轴，Valvetronic 可变气门升程，双涡轮增压	S63 B44T2，90°夹角V8发动机，32气门，双顶置凸轮轴，Valvetronic 可变气门升程，双涡轮增压

排量/mL

4395	4395

最大功率/hp@r/min

575@6000—6500	575@6000—6500

最大转矩/N·m@r/min

750@2200—5000	750@2200—5000

变速器和驱动系统

8速M Steptronic自动变速器，xDrive全轮驱动	8速M Steptronic自动变速器，xDrive全轮驱动

前悬架

双叉臂式悬架、螺旋弹簧、主动式侧倾稳定控制	双叉臂式悬架、螺旋弹簧、主动式侧倾稳定控制

后悬架

多连杆悬架、自调平空气弹簧、主动防倾杆	多连杆悬架、自调平空气弹簧、主动防倾杆

车身形式

五门SUV	五门SAV

净车重/kg

2305	2305

最高车速/（km/h）和0—100km/h加速用时/s

155；4.2	155；4.2

年度产量

年份	产量	年份	产量
2018	1926	2019	438
2017	3425	2018	1297
2016	3125	2017	2095
2015	4283	2016	2259
2014	113	2015	3581
2013	43	2014	115
总计	12915	2013	9
		总计	9794

有关车型数据来源，参见221页。

X3M & X4M (F97/F98)

车型和代号

X3M, F97

成名之处

M3/M4的机械部件被移植到SUV上，拥有强大的动力和速度，但乘坐体验不佳，操控不稳定

生产时间

2017年至今

产量

10677（至2020年）

起售价格

€87500

发动机型号与类型t

S58B30TO，直列6缸发动机，双顶置凸轮轴24气门，Valvetronic 可变气门升程，双涡轮增压

排量/mL

2993

最大功率/hp@r/min

480@6250

雷霆版：510

最大转矩/N·m@r/min

600@2600—5600

变速器和驱动系统

8速M Steptronic自动变速器，M xDrive 四驱系统，主动M后差速器

前悬架

双叉臂式独立悬架、螺旋弹簧、自适应M减振器

后悬架

五连杆式悬架配有螺旋弹簧和自适应M减振器

车身形式

五门SUV

净车重/kg

1970

最高车速/（km/h）和0—100km/h加速用时/s

250 (电子限速)/285；

4.2（雷霆版：4.1）

年度产量

年份	产量
2020	2790
2019	7759
2018	93
2017	35
总计（截至2020年）	10677

X4M, F98

与之相配的是强悍的发动机和紧绷、灵敏的底盘；X3M的价格更低，设计也更完善

2017年至今

6303（至2020年）

€89700

S58B30TO，直列6缸发动机，双顶置凸轮轴24气门，Valvetronic 可变气门升程，双涡轮增压

2993

480@6250

雷霆版：510

600@2600～5600

8速M Steptronic自动变速器，M xDrive 四驱系统，主动M后差速器

双叉臂式独立悬架、螺旋弹簧、自适应M型减振器

五连杆式悬架配有螺旋弹簧和自适应M型减振器

五门运动型轿跑车

1970

250（电子限速）/280；
4.2（雷霆版：4.1）

年度	产量
2020	1694
2019	4523
2018	79
2017	7
总计（截至2020年）	6303

X5M & X6M (F95/F96)

车型和代号		
	X5M, F95	X6M, F96
成名之处	猛烈的动力和毫无疑问的功能性让这台两吨多重的钢铁巨人宛如一台大型客机	与X5M风格一致的兄弟车型，精工细作的溜背SUV；无可置疑的性能，但外观是否过于阳刚仁者见仁
生产时间	2017年至今	2018年至今
产量	4806（至2020年）	3745（至2020年）
起售价格	€144300	€144300
发动机型号与类型	S63B44T4 90°夹角V8发动机，双顶置凸轮轴，32气门，Valvetronic可变气门升程，双凸轮轴可变气门正时，双涡轮增压	S63B44T4 90°夹角V8发动机，双顶置凸轮轴，32气门，Valvetronic可变气门升程，双凸轮轴可变气门正时，双涡轮增压
排量/mL	4395	4395
最大功率/hp@r/min	600@6000 雷霆版625	600@6000 雷霆版625
最大转矩/N·m@r/min	750@1800～5800	750@1800～5800
变速器和驱动系统	8速M Steptronic自动变速器，M xDrive四驱系统	8速M Steptronic自动变速器，M xDrive四驱系统
前悬架	双叉臂式，螺旋弹簧，自适应M减振器，主动防倾杆	双叉臂式，螺旋弹簧，自适应M减振器，主动防倾杆
后悬架	多连杆式，自调平空气弹簧，自适应M减振器，主动防倾杆	多连杆式，自调平空气弹簧，自适应M减振器，主动防倾杆
车身形式	五门SUV	五门SAV
净车重/kg	2310	2295
最高车速/（km/h）和0—100km/h加速用时/s	250（电子限速）/290；3.9（雷霆版：3.8）	250（电子限速）/290；3.9（雷霆版：3.8）

年度产量

	X5M		X6M	
2020		4577		3304
2019		163		137
2018		59		34
2017		7		
总计（截至2020年）		4806		3475

降温之选
准M
车型

M-performance是迈向真正M系列的一个诱人过渡

13

停在一众两轮和四轮汽车中的宝马i8是该公司收藏的无数珍品之一，这些珍品还包括3.0 CSL、使用宝马发动机的F1冠军车型布拉汉姆以及背景中诞生于20世纪60年代的Neue Klasse

▲▲ 动力选择：5系中的M550i带有M前缀，是极致的M5和将性能与超低油耗相结合的插电混动车型530e车型的中间点

▲ 由于柴油发动机在动力和转矩方面能够与汽油发动机相媲美，因此柴油车型也被纳入M系列，图为具有四涡轮直列六缸发动机，400hp、760N·m的X7 M50d

并非所有名字带 M 的车型都是产自位于巴伐利亚州慕尼黑总厂附近的加兴这一 M 车型的核心产区，也并非所有名字带 M 的车型都是不计成本、追求极致的顶极产品。毫无疑问的是，M2、M4、M5、M8 这些被 M 品牌灌注全部赛道与公路性能的车型是 M 的图腾，它们反映了 M 最先进的工程技术的最新技术思路，在性能和与驾驶员的互动方面做到极致。但在这些主角车型身后还有一个更广泛的配角阵容，这些车型性能上点到为止，对驾驶员的技术要求更低，售价也更亲民。

这些"二线"的 M 车型即 M-Performance，虽然它们不是 M 的核心，但仍是 M 部门的心血，仍在 M 系列的型录中突出显示，并且与核心的、"纯粹"的 M 汽车只有一小步之遥。M-Performance 车型不是只专注于驾驶，还兼顾了舒适性等其他方面的需求，但这些车型都经历了纽北、宝马自己的位于法国的米拉马斯（Miramas）等赛道的考验。所以 M-Performance 车型也是 M 部门的正统，销量也被纳入 M 部门每年发布的生产总数。例如，在 2020 年，纯血 M 车型的产量总计不到 32000 辆，而 M-Performance 型号则几乎多出三倍。

这些车型，例如 M135i、M550i 和 Z4 M40i，比动力更强的或更运动的车型低一个等级。M-Performance 里的 M 指的是相比普通宝马车型更强动力、更运动的版本，它们处于 M 部门车型矩阵的外围。例如当前的 M550i xDrive，既有强劲的 V8 发动机又有全轮驱动，是普通 4 缸和 6 缸 5 系车型以及拥有超过 600hp 的 M 发动机和底盘的 M5 之间的过渡。同样，最近的 M240i 是一款紧凑型轿跑车，其性能略低于狂野的 M2 雷霆版，但仍配备了活力四射的直列

6缸发动机和运动调校的后驱底盘。在前几年，M135i 曾计划配备强劲的 3L 直列 6 缸发动机和纯粹的后轮驱动，但现在主流的 1 系和 2 系已经采用了前驱平台，如今的 M135i 也顺势换装 2.0T 发动机，动力已经达到了 306hp 且装上了 xDrive 全轮驱动。2 系车型与之类似，包括优雅的 2 系 Gran Coupé。

M-Performance 的业务范围也包括特定的附件和售后零件，这些零件通常是为了提供运动方面的升级，比如附加的扰流板、改装轮毂设计以及高性能排气系统。

M 品牌下柴油机也受欢迎

M 品牌并不排斥柴油动力。很多车型的柴油动力版本也被赋予了 M 前缀，其车型也正式出现在 M 的旗帜下，就像宝马的 SUV 和高端车型不排斥柴油动力一样。X5 M50d 和 X7 M50d 是很好的例子：它们配备了拥有四个涡轮增压器的真正的高性能柴油机。在其他车型中，X3 M40i 和 X3 M40d 以及相应的 X4 都同时有高性能的柴油与汽油版本。

就连豪华轿车 7 系也一度获得了"M"的标签。宝马的管理层选择 M760Li 作为最顶级车型的名称，这可能有些争议，但 M 前缀的加持表明强大的 V12 发动机和巧妙升级的底盘的存在。但不言自明的是，尽管其具有 600hp 和一系列的技术加持，但其运动性和 M4 这种纯粹的驾驶者之车相去甚远。

作为 Z4 车系中动力最强的车型，Z4 M40i 带有 M-Performance 徽标，如今这一代（与丰田共同研发的）Z4 没有全血版的 M 车型

M部门以2017款M760Li xDrive开始涉足豪华车市场。609hp的涡轮增压V12发动机辅以精妙的技术和精心校准的底盘,将顶级舒适性与精准的高速操控性完美结合

在如今 M 部门的车型体系中,带有 M Sport 后缀的车型与位于加兴的 M 总部之间联系则没有那么密切。M Sport 实际上是选装包或升级包,包括外观或内饰的升级改装以及空气动力学套件的提供,还包括更硬朗的悬架、车身高度降低套件、轮毂、制动、轮胎等升级改装产品,具体的套件和选择因市场而定。

令人困惑的是,iPerformance 曾以宝马子品牌的身份出现,作为配备混合动力或纯电车型的子品牌。但如今几乎每款车型都标配某种形式的混动化,这一标识已经变得多余:因为常规轻度混动车型采用简单的品牌名称如 330i 或 530i,而其更昂贵、电池包更大的插电式混合动力兄弟车型直接增加"e"的后缀,比如 330e 和 530e。

从过去到未来:M 标志如何演变

诞生于 1980 年的宝马 M535i 开启了 M 的时代。以今天的命名方法来看,这辆 M 的开山之作似乎只是一个略微增强的标准 5 系车型,但事实上基于 E12 的 M535i 是纯正的宝马 M 旗下车型(当时被称为 BMW 运动部)。M535i 相比普通 5 系有着脱胎换骨的升级,比如动力强劲的 6 缸发动机版本、密齿比变速器、更坚实的悬架和制动,以及看起来今天很普通的车身空气动力学套件,但在 20 世纪 80 年代初却是相当先进的技术。

M535i 的名称一直延续到继任车型 E28，而 E28 也就是正式的 M5 的开端，它配备了来自 M1 超跑上的 24 气门的 M88 高性能发动机。与此同时，大型跑车 6 系也借用了这台高性能发动机，于是摇身一变成为 1984 年的 M635i，后来在美国以 M6 的名称销售。所有这些都是以极致运动性为目标的大工程。

随着第一代 M5 于 1985 年的问世，所有宝马运动部的和新车型都采用字母 M 和一个数字的组合方式来标识，看起来普通的外观之下其实是宝马运动部悄悄进行的赛车化技术。80 年代末期的 320iS 实际上就是一款由赛车部门开发的传奇 E30 M3 版本，但为了符合像意大利和葡萄牙等市场上税收减免的规定，它使用了一款特殊的短冲程发动机，其排量缩小到低于 2L。在工程师努力与技术的加持下，320iS 的动力只比同等的 2.3L M3 车型略低一点。大约在同一时间，宝马运动部计划为 850Ci 跑车装上一款超高性能版的 V12 发动机，并将这款车以 M8 的身份推出。尽管 M8 车型计划中途被取消了，但是许多赛车化的技术都悄无声息地融入了 1992 年推出的 CSi 中（尽管没有使用 48 气门版本的发动机）。

上一代M135i是一款十分有乐趣的运动后驱掀背车，配备了强劲的直列6缸发动机，令人深情怀念。如今的相应车型采用了涡轮增压4缸发动机和全轮驱动

虽然严格来说不是M部门的产品,但2020款128ti恢复了经典后缀,并展示了宝马在开发前驱钢炮方面的专业水平

受M精神的启发

驾驶乐趣是很多宝马车型都具备的产品亮点,尽管这些车型并不直接来自M部门,但它们确实受到了M精神的启发。例如,20世纪90年代初的E36世代的早期318iS,它拥有一个令人愉悦的16气门4缸发动机,当时功率为140hp。经常被嘲笑的3系Compact也包括了一个隐藏的彩蛋:2001年的325ti Compact复活了著名的ti标识,并且是该车系中唯一的6缸发动机版本。192hp仅需要推动1400kg的车身,因此325ti Compact尽管生命周期较短但十足的驾驶乐趣令人怀念。

同样的精神在一代之后再次被点燃,这要归功于2020年的128ti。乍一看,这似乎是对前轮驱动的1系车型的一个不令人满意的补充,并且可能是一个对备受追捧的ti标签的滥用——尤其是它被描述为顶级、全轮驱动M135i的低功率和配置较低版本。但宝马却有化腐朽为神奇的水平,通过M-Sport悬架和取消后轴驱动,加之精心调校的底盘,ti做到了更轻盈、响应更快,因此被称赞

创新思维：通过将插电式电池、电机与3缸汽油发动机相结合，2013年发布的i8开辟了环保超跑的新世界

为宝马的第一款前驱钢炮，可与高尔夫 GTI 一战——很难相信在这个车型里会没有 M 部门专家参与其中。

尽管不是正式的 M 项目，但相信 M 部门也为开创性的 i8 做出了贡献。这款采用超跑布局的车型引导人们重新思考高性能车辆如何负责任地进入以低碳为主题的未来。在 2013 年首次亮相时，这款华丽的中置发动机 2+2 跑车淋漓尽致地展现了令人兴奋的先进技术，其插电式混合动力传动系统位于碳纤维底盘之上，并配有具有科幻魅力的未来主义车身。i8 的数据在当时非常出色，峰值系统功率为 362hp，0—100km/h 加速仅需 4.4s。但是最引人注目的数字是发动机排量，这款跑车的发动机排量比普通两厢车还低三分之二以上。宝马高级管理人员都被鼓励将 i8 作为他们的个人用车，这表明真的有可能每天纯电状态完成通勤上班——而不使用一滴燃料、不排放一克二氧化碳。

作为承载未来的展示载体，i8 毫无疑问是一个巨大的成功。在 i8 的七年生产周期中，一直有传言说会有更快、更高性能版本出现，但最终并没有 M 衍生产品真正出现。即使如此，i8 仍然是宝马对未来愿景、技术、设计想象力和创造力的生动表达，i8 的精神肯定不会就此终结。

标志性的设计,从上到下:1999年的Z8敞篷跑车,采用了M5的工程元素;1978年的M1,它为第一批M车型提供了赛车发动机;在超级跑车领域率先采用插电式混合动力技术的2013款i8;经典的1955款507跑车。虽然只有M1有M部门的官方印章,但所有车型都展示了富有想象力的先锋性,绵延不绝地激发着M精神

杰夫·库恩斯（Jeff Koons） M3 GT2艺术车，在2010年勒芒24小时
耐力赛展示

塑造 M 故事
设计工作室内部揭密

如何令M车型从车海中脱颖而出?来自首席设计师马库斯·西林格工作室的秘密

14

宝马的设计师们已经开始迎接挑战,他们正在寻找一种新的设计语言来象征零排放电动汽车的新时代。这是i4项目的早期草图

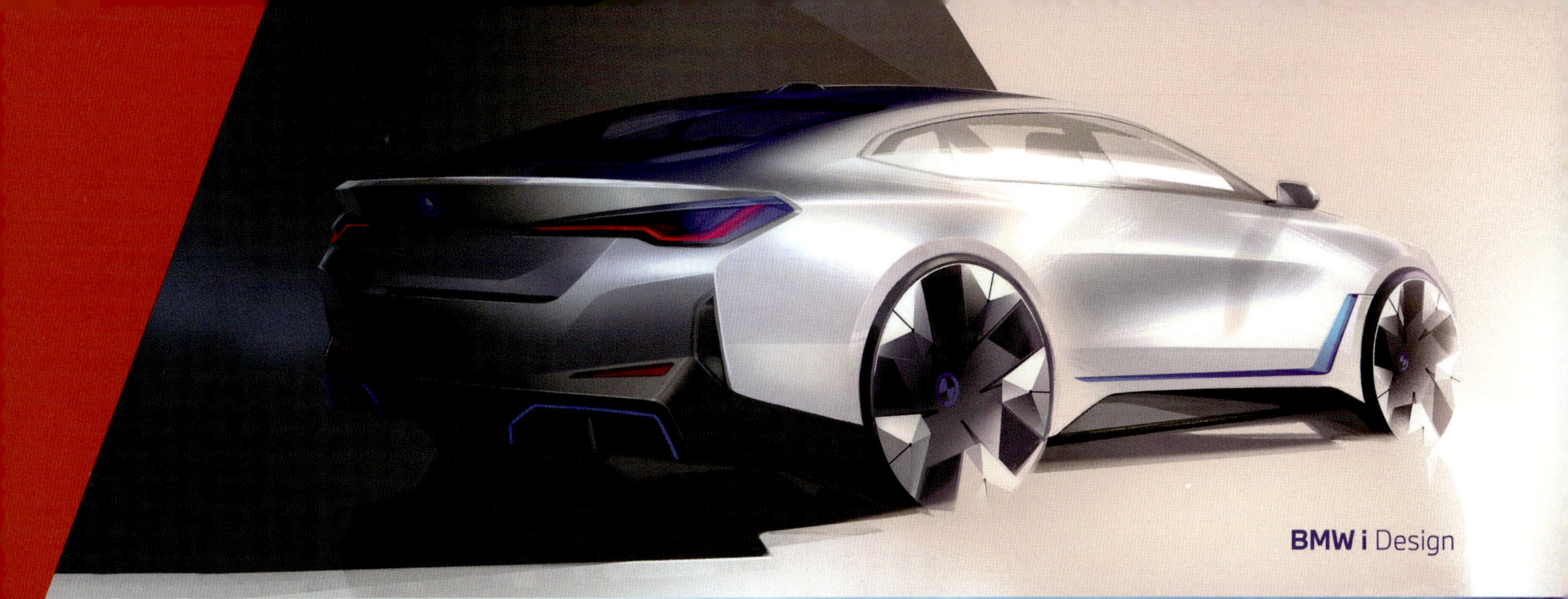
BMW i Design

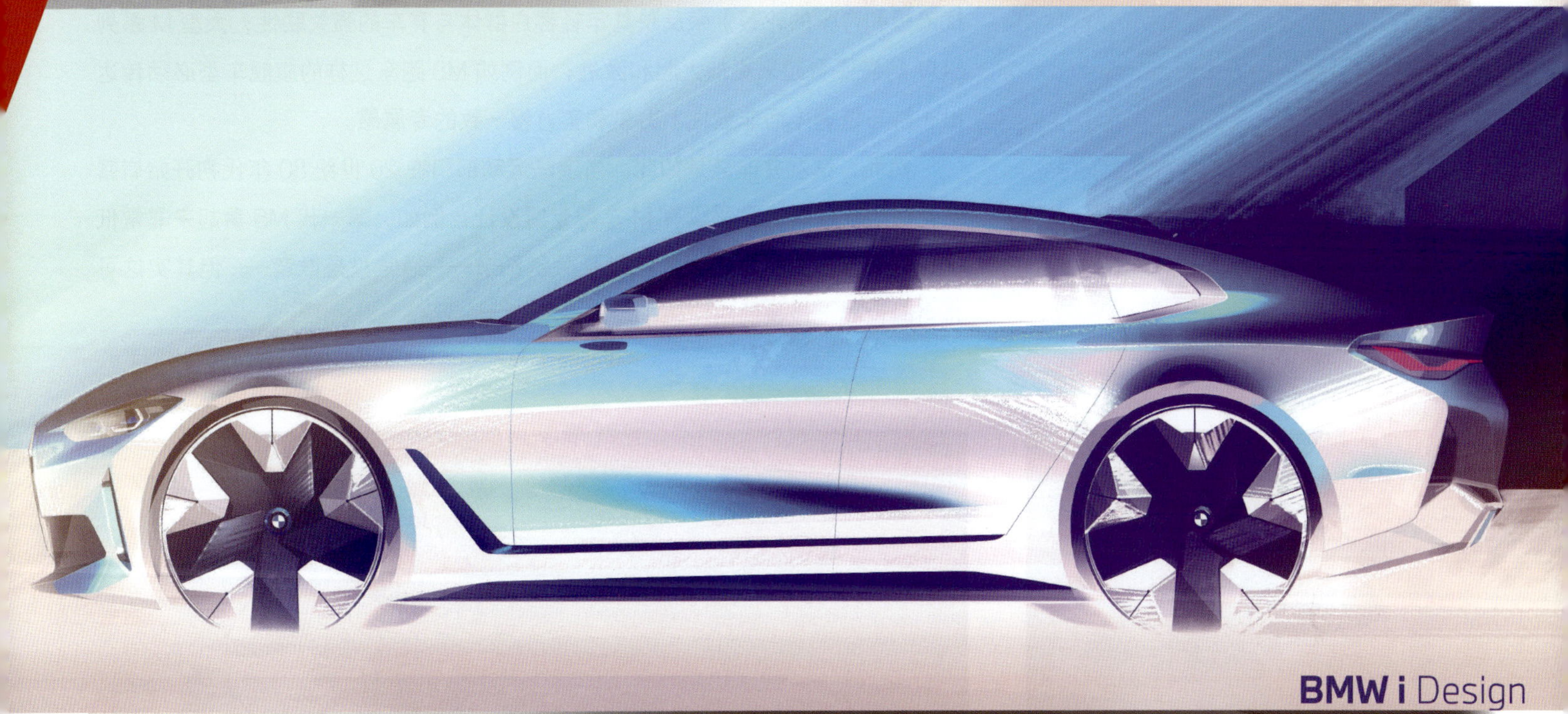
BMW i Design

BMW i Design

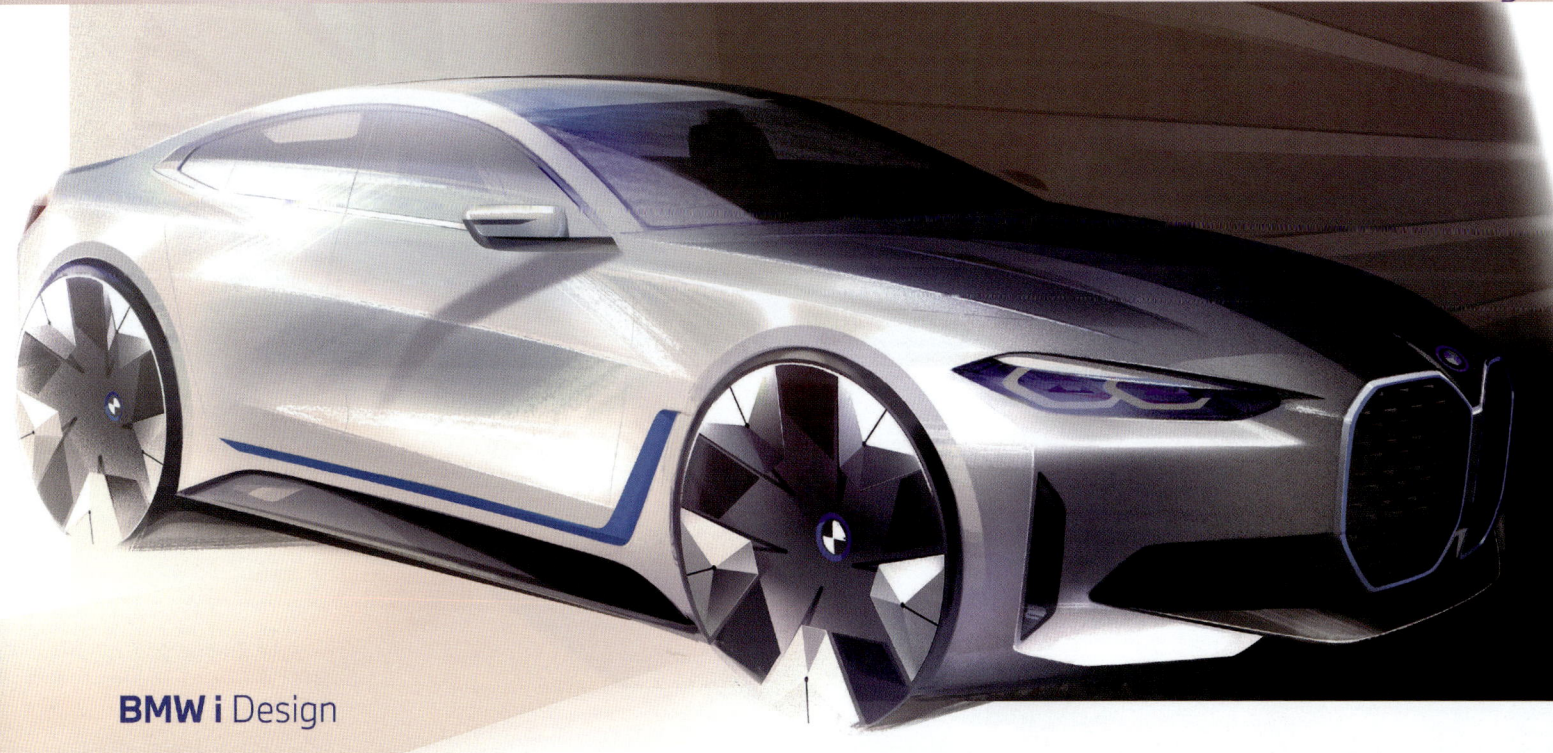

M车型如何从车海中脱颖而出？对于那些沉浸在运动型汽车和高性能汽车文化中的爱好者来说，这可能听起来像是一个奇怪的问题，因为爱好者们会立即提到诸如性能、加速、操控等技术参数——但是外观上的区别呢？那些隐藏在 M 机器之下的外部标志是什么？

M 部门首席设计师马库斯·西林格说，答案完全取决于车型在整体战略中扮演的角色。每款车型都有不同的作用。例如，作为高性能行政轿车的 M5 轿车需要简洁而低调；紧凑的 M2 可以凭借更外向的外观和更具戏剧性的细节（如扰流板和夸张的轮毂）来反映其年轻客户群体与赛车的强关联性；大型 M 系列 SUV 则需要看起来更加大胆和激进；而例如 M8 跑车这样的旗舰车型必须传达出一种与低调（而非显性）力量和实力相一致的专属感。

然而，情况并非总是如此。当宝马运动部门在 20 世纪 80 年代初开始崭露头角时，在外观上几乎没有 M 车型专属设计，例如，第一代 M5 看起来非常低调，只有最了解汽车的人才能发现关键细节——通常只是徽章——但其实这可是当时世界上最快的四门轿车。

马库斯·西林格：一个有许多设计作品的设计师

马库斯·西林格在学生时代第一次看到了宝马Z1跑车，正是这款天马行空的双座车激励了他加入宝马。作为当时宝马运动部门（BMW Motorsport GmbH，后来成为BMW M GmbH）的设计师，他的工作内容是设计赛车和M品牌的量产车，如E46 M3和E39 M5。1997年，他转到技术部门的高级设计组。2000年，时任宝马集团设计主管克里斯·班戈邀请他担任MINI品牌车型的外观设计工作。

在完成包括第一代敞篷车和第二代CLUBMAN在内的三代MINI车型后，他转到了劳斯莱斯设计部门，在此他创造了第二代幻影和古斯特，并且推出了新的库里南。最后，在宝马重新建立了一个单独的M设计工作室时，西林格被任命为领导。尽管他自己承认已经不再亲自设计汽车了，但他一直与他的设计师团队一起探索各种新颖的想法并努力塑造激发创造力的氛围。

西林格在MINI、劳斯莱斯以及宝马都工作过

1989年款宝马Z1激励着年轻的西林格成为一名汽车设计师

▲ BMW M首席设计师马库斯·西林格："M车型的造型始于车型的技术要求。"

▶▶ 2021年3月宝马年度股东大会上公布的量产BMW i4车型，相比设计草图和之前展示的概念车，设计语言显然收敛了许多

西林格在他29年职业生涯的前期，曾致力于设计传奇的E30 M3赛车。朴素的车身表面处理和细节设计是由于这些经典车型的车身美学让位于机械结构、性能、操控及效率。因为要考虑到在周一修复前一天比赛后损坏的赛车，西林格充分利用量产车与赛车共享的零部件。之后他继续设计M3的后续车型E36，之后全权负责Z3敞篷车、E39 M5以及后来最受欢迎的M3——E46系列（于2000年推出）。

这些车看起来很温顺，但西林格很快指出市场已经发生了变化。"在它们的时代，像E46 M3和E39 M5这样的汽车确实比普通车型更运动。"他说，"但是今天汽车行业看到的是，即使是只有几匹马力的小型车也试图看起来比过去更加有表现力。"

然而，这位设计师继续说，这些外部趋势在设计今天的M车型时并没有那么重要。"我们首先要看看赛车在技术层面上真正需要什么。在前端我们考虑冷却问题，并且是冷却要求决定了我们在前端设计开口的方式。对X车型来说应该更宽阔和硬朗些，但对M5来说应该更平滑些。"

设计师们还必须考虑前轴和后轴的下压力，以及行李舱盖上的导流板，这些也有助于减少空气动力学阻力。接下来需要与工程师就轮毂和轮距尺寸进行沟通，以实现在纽北赛道上的圈速目标。这些反过来决定了前轮拱和后轮拱延伸的程度，更大的发动机也需要在机舱盖上设计一个隆起。

"技术部门首先定义了车身硬点，"他强调，"之后我们通过强调运动性能最大化的设计创造了与赛车的关系。在M车型的设计中，我们也涉及与宝马汽车运动部门在DTM、GTE和Formula E赛车的协作——我们也会将这种纯粹的赛车设计语言转化为量产车设计语言。"

这种赛车与量产车亲密到几乎共生的关系在M部门里一以贯之，这也是M车型区别于众多模仿者的关键因素之一，后者只是利用性能的名声赚快钱而已。西林格指出，理想的情况是外形追随功能，"你可以看到在M车型的前面：技术上冷却和空气动力学的要求与美学达到了统一，这表明它们是真正的源自赛道的高性能车。这是最好的结果。"

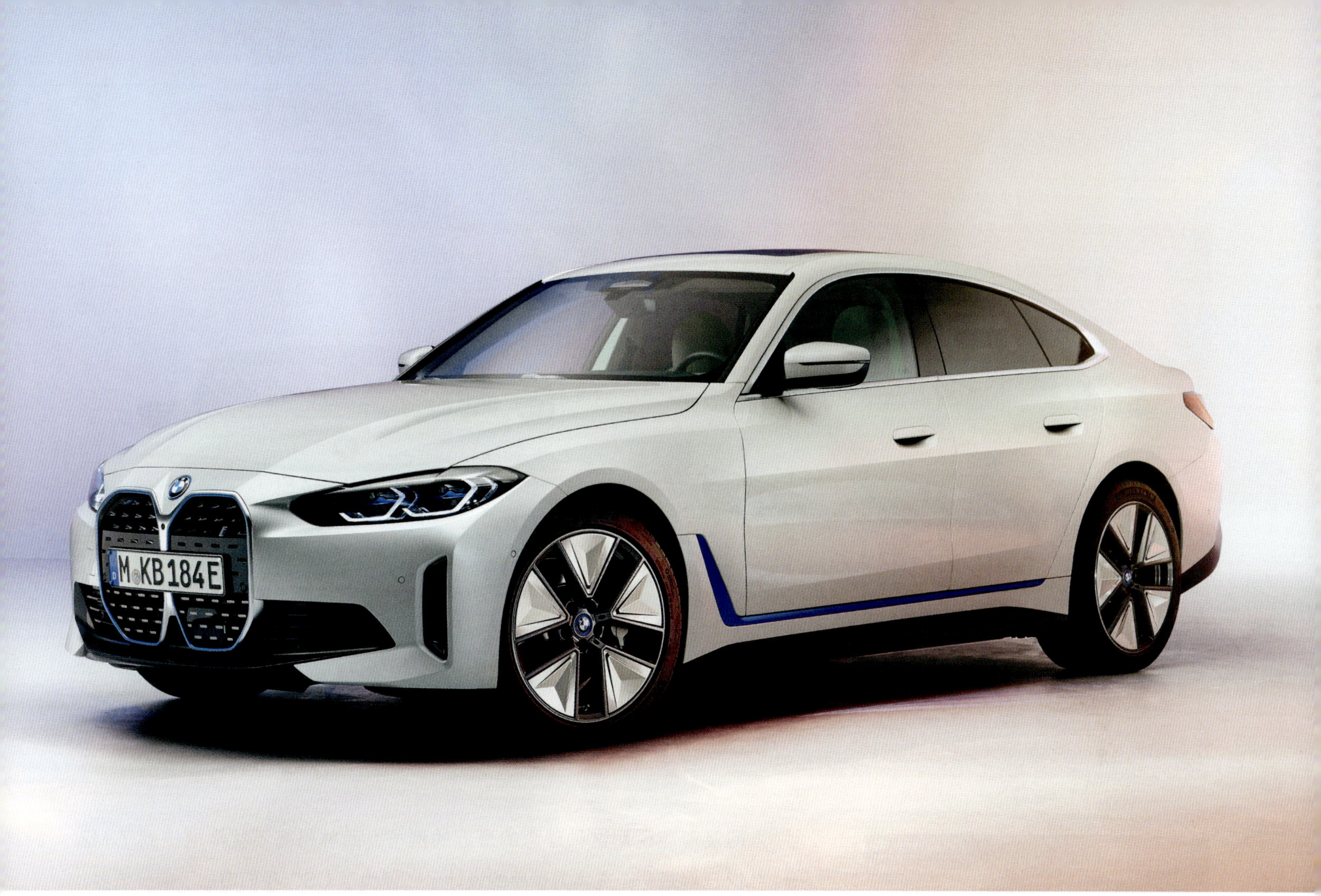
M KB184E

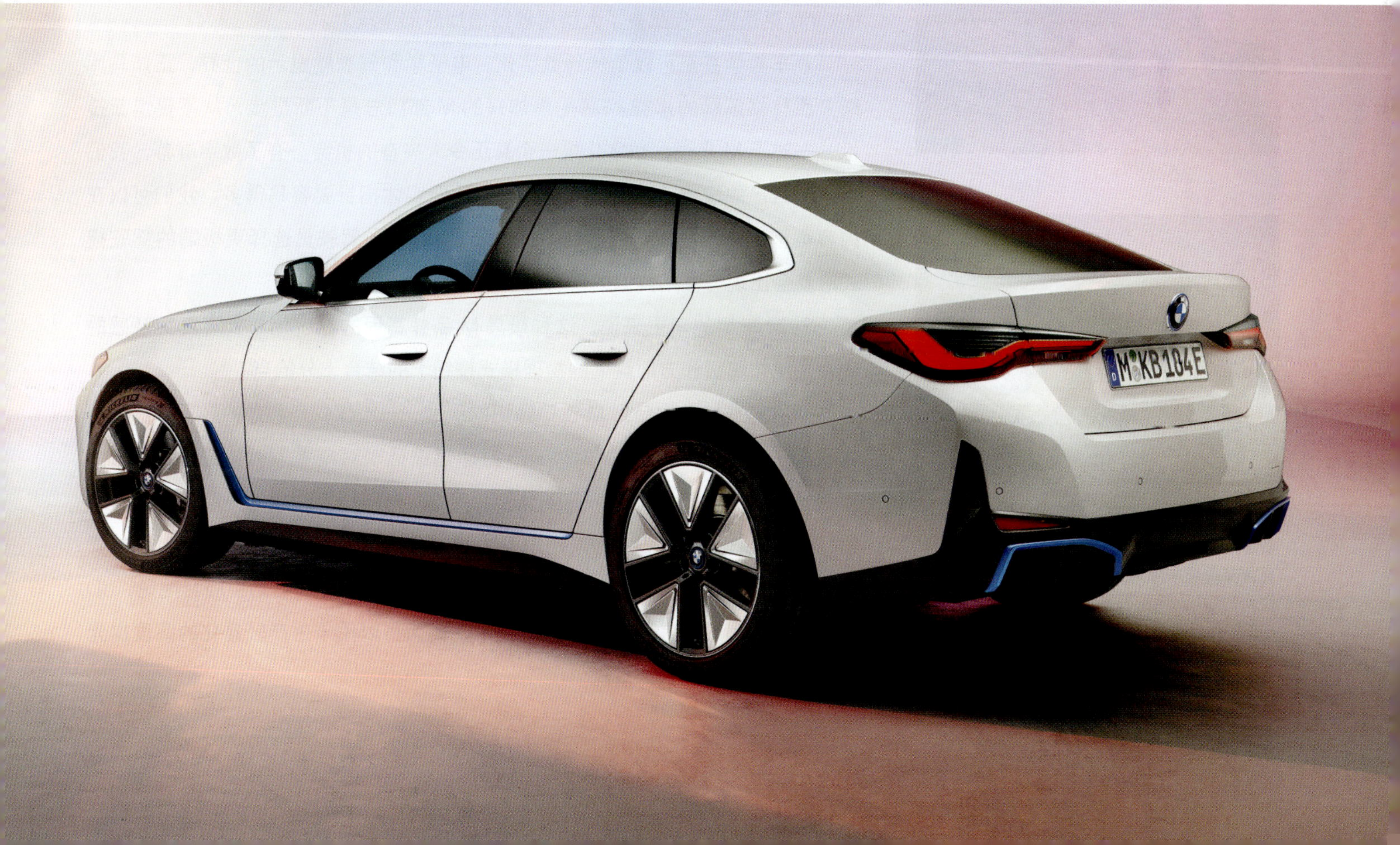
M KB184E

随着汽车互联性的提高，控制、显示和用户界面将变得越来越重要。宝马的曲面显示屏及其最新的iDrive系统旨在为未来的半自动和全自动驾驶做好准备，使其更加直观

当问及最能说明这种理念的最近的例子，西林格毫不犹豫地提到了M2 CS："M2已经是一个充满力量感的设计了，但为了CS，我们增加了前分流器，并且使用了更轻、更具空气动力学特性的特定轮毂。客户赛车系列中的M2 CS Racing更是进一步配备了大型尾翼以增加后部下压力。"

赛车美学甚至可以延伸到数字化、电子学和驾驶舱显示的世界，正如马库斯·西林格解释的那样："慕尼黑加兴的M部门总是不断进步，从不畏惧新技术——对于M来说，数字化是一个真正令人兴奋的机会。有了数字屏幕，我们可以有自己的设置，这对于驾驶员来说比旧实体指针要容易得多。我们可以在内容类型、布局、设计和颜色方面进行选择。"当驾驶员选择更极端的驾驶模式时就会出现与赛车类似的仪表盘显示。

对M车型的车主来说，这种极具M品牌基因的数字化与具有真实触感的硬件（比如踏板和方向盘上的物理模式按钮）的结合十分恰当。

新的制造技术也受到M设计师们的欢迎——不仅仅是熟悉的轻质碳纤维复合材料车顶和空气动力学部件。3D打印也被证明对减重大有裨益，对于合金轮毂也有极大的帮助，因为它解锁了生产3D打印铸造砂模的可能性。西林格说，这些允许工程师设计轻巧、气动性能好且高效的完全不同的结构，比如安装在M8 GTE上的这些轮毂有空心辐条，只有从侧面才能看到空腔。他说，3D数字铣削是另一种具有巨大潜力的技术，因为可以用于生产轻量化的高度抛光组件。

2019年Vision iNext展示概念车(左上)以其激进的比例和块状的细节震惊了许多观察者,但在量产车上再次被弱化,这样更容易被更广泛的消费者接受

通往电气化未来之路

从长远来看,电动汽车是否可以融入宝马的 M 系列车型中?如果这样的话,这些车型需要一种新的设计语言吗?"我不认为电气化是一个障碍,"西林格回答说,"我会直接去做。在宝马我们有'丰富动力选择'战略,提供各种动力总成类型,而且我们仍然拥有内燃机,它们将继续存在一段时间。但是为什么不推出一款电动化的 M 车型呢?毕竟,我们已经在做 Formula E 这种。此外,在 BMW SIM 赛车中,你可以与年轻的孩子们竞争,所以我们不怕这个数字化的电动世界。"

所有他暗示的这些细节都指向一款电动 M 车型,它可能专注于侧向加速度——比如转向、偏航响应和机动性,并不一定追求峰值的直线加速。"我相信我们未来有巨大的可能性。"他解释说,"是的,我们会失去一些标志性设计细节,比如四个排气管——但我们会在原来排气管和消声器的位置获得一个非常大的扩散器,这可能会非常吸引人且富有表现力。在前端,你仍然需要大量的空气来冷却电气设备,但也许是在不同的位置,所以这将取决于我们开发自己的设计语言来适应这些新的功能细节。"

总之,西林格表示,宝马集团和汽车设计行业都迎来了电动化转型的大好

2019年的iVision M Next概念车给了宝马M设计如何过渡到电动未来的早期暗示。虽然显示出受M1影响的明显迹象,但该车型不会量产,不过其细节可能会影响即将推出的电动化产品

机会。这将是一个逐步实现的过程,其中两款设计——iX 和 i4 已经公开发布。

当问到 M 部门是否会从头开发一款全新车型而非基于现有量产宝马车型的汽车时,设计师立即变得激动起来,"作为一名设计师,我想象着一辆小巧轻便的车,有点像新的 Alpine 或路特斯 Seven。我们已经做了 M Next 概念车,它参考了 M 的前辈 M1。但立刻进入我脑海的是 2002 Turbo 的后继车型:一辆有充沛动力的小型三厢轿车。电动化可以将这个想法带入可持续发展的新时代,开起来能享受到没有罪恶感的乐趣。"

受 2002 Turbo 启发的展示车已经通过迈克尔·斯库利(Michael Scully)在 2016 年的致敬版概念车与公众见面,但西林格强调他的想法不是复古,而是以现代方式完成并且具有强烈的玩乐性和吸引力元素的车型。但是这样的车型是否有机会通过成本测试并实际制造出来?"我明天就开始。"他开玩笑说,"如果你不尝试,你永远得不到它。"

在研发中,他透露:"有这么多的想法正在开发中,这些想法永远不会被公司以外的人看到。你必须尝试、测试和思考所有这些想法,以找到适合客户的正确产品。记住,我们是敢于打造像 Z1 这样使用新材料和滑动门等新想法的汽车的公司,我们也打造了 i8。所以也许有一个小机会——而且这可能是一个很好的起点。"

迈克尔·斯库利2016年的早期草稿,致敬20世纪70年代2002 Turbo车型的概念车。像这样"小而轻"的东西是现任设计总监西林格认为的令人兴奋的项目,它将为新时代带来毫无心理负担的驾驶乐趣

深入M设计工作室

纷繁的设计工作：宝马的设计工作室承担了从最初的灵感草图到全尺寸油泥模型，人体工程学、人机交互界面创新以及概念车和量产车型的颜色、材料和装饰选择

今天、明天，迈向电动未来

首席执行官马库斯·弗拉什解释为何零排放M车型将带来更多激情体验

15

2017年的iVision Dynamics在探索下一代电动车新设计语言方面发挥了重要作用

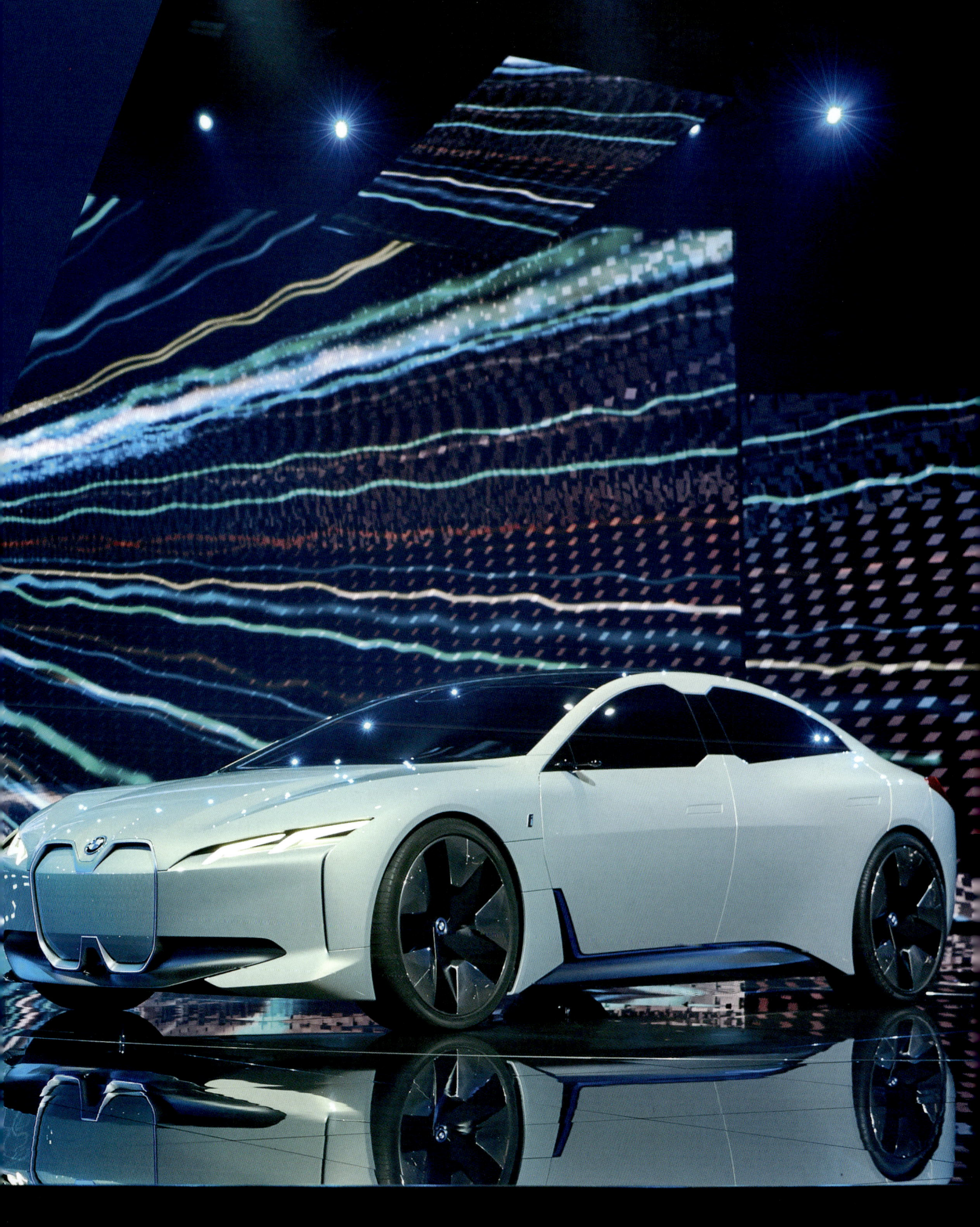

宝马M部门负责人马库斯·弗拉什:"在M部门,我们认为电动化是个有巨大潜力的机会。"

无论以何种标准衡量——是商业、技术还是创新和影响力——宝马 M 部门在过去半个世纪的进步都是惊人的。20 世纪 60 年代的创始人——一群非常有才华的工程师们很快就变成了一个赛车队的核心,这个车队后来在欧洲房车赛中占据了主导地位,并将宝贵的赛道经验反馈到宝马公路车上,推动它们年复一年地超越竞争对手。正如我们所见,这种有效的反馈循环带来了一些出色的公路车,如 3.0 CSi、稀有的 M1 超级跑车以及第一辆直接受赛道经验影响的量产车 M635 CSi。

与许多其他汽车制造商一样,一场短暂的竞赛成功可以在销售业绩报表中产生一阵短暂的辉煌,但这种能量很快就会消失得无影无踪。相比之下,宝马工程师在过去的 50 年里一直努力推动赛车和公路车之间的共生关系。这一核心理念为赛车和公路车之间提供了一个实实在在的硬性连接,也正是帮助宝马 M 部门直接且有利地联系到其日益增长的忠实客户和狂热粉丝的关键所在。

1984 年首次亮相的开山之作 M635CSi 在当年大约收获了 1400 个粉丝客户,以这个数字为基准,如今 M 部门的数字已经扩大了三十多倍,到如今每年稳定销售 4 万或 4.5 万辆。如果我们将范围扩大到包括非核心 M 性能车型,如 M135i 和 M535i xDrive,这个数字将超过 14 万。M 部门的右脚几乎从未离开过加速踏板,只有在全球经济危机和某些关键车型换代周期的影响下才会出现销量曲线的短暂下降。

驱动整个过程的核心一直是关注度最高的车型:M3 和自 2014 年以来注入 M3 突破性 DNA 的 M4 轿跑车,这些车型最能定义 M 品牌。每一代新的 M3/M4 都促使产量增加,因为渴望购买者下订单,尤其是在 21 世纪初,当 E46 世代的热情达到顶峰时,年度产量首次超过 2.5 万辆。这也是 M 部门重塑自己成为真正的多车型运营的时候,增加了大量的 Z3 M Roadster 和 Coupe 以及昂贵的 M6 跑车。在千禧年之前,车型序列只是 M3 和 M5 这一对,因此强烈围绕着这两个车型的发展和换代周期进行调整。

在 2014—2019 年期间,产量接近翻倍通常归因于争议性 SUV 及其 M 版本的螺旋式成功。这可能是真的,但必须记住的是,在同一时期,常规宝马品牌车型的整体销量也在急剧上升,并且英雄般的紧凑型 M2 从开始就令人印象深刻——有时几乎每 8 辆 2 系列车型中就有一辆 M2。虽然 2009 年 X5M 和 X6M 的推出确实揭示了对高性能 SUV 的巨大需求(并实际上开辟了一个全新的市场细分),但选择 M 型号的 X 系列买家的比例要小得多。对于 X5M 而言,需求通常最高仅为 3%。而更时尚的轿跑式 X6M 的数字则可以理解地更高一些。最近的 X3M 和 X4M 也显示了类似的差距,销售占比分别为约 2% 和 6%。

总的来说，SUV 车型通常占核心 M 车型总销量的四分之一左右，其中 M3 和 M5 各占约八分之一，表现最好的是 M4 和 M2，各占五分之一。这些车型组合起来代表了一个强大的且利润丰厚的产品组合，但同时也有些不平衡。通过不断追求动力和性能，M 部门推出了其动力和成本都呈指数级增长的车辆；即使是专门引入以吸引年轻、财力有限买家的 M2，现在也比大众高尔夫 GTI 贵了 2～3 倍。推出低成本的 M 车型是否可能稀释 M 品牌？在本书作者进行的一次采访中，M 部门首席执行官马库斯·弗拉什迅速排除了这种可能性——但他并不是基于品牌稀释的理由。由于只有大约百分之一的宝马是纯粹的 M 型号，他认为这并不构成风险。"我们不认为会发生这种情况，"他坚定地评论道，"前轮驱动不符合 M 的特性，对我们而言，最低标准应该是全轮驱动。"喜欢解读潜台词的人会注意到，这并不排除与 M135i xDrive 类似的全轮驱动设置，但偏向于后轮驱动，就像更大的车型如 M4 一样。目前的 M2 也可能获得保留其粉丝所渴望的后轮驱动的替代品，因此 M 系列确实有一个紧凑但也许不太极端和更实惠的入门车型的机会。

M部门50岁生日快照，2021年春天：第一辆M品牌的超级摩托车M 1000 RR占据了第六代M3轿车和最新版M4 轿跑车之间的C位

当M邂逅两轮

第一辆M品牌的宝马超级摩托车发布：欢迎212hp、最高转速15100r/min的M 1000 RR的到来

出于对M车型驾驶员能享受源自赛道的高性能公路汽车的羡慕，摩托车爱好者长期以来一直想要摩托车中的M2或M4。于是从2009开始，宝马在世界超级摩托车锦标赛中组建了一支一线工作团队，公司的顶级摩托车工程师们开始有了将技术从赛道转移到街道的完美机制。

顶级的超级摩托车与四轮车相比，更接近于纯赛车，因此M 1000 RR基于备受推崇的S 1000 RR这款宝马最高性能的超级摩托车打造，并由汤姆·赛克斯（Tom Sykes）和他的世界超级摩托车锦标赛队友驾驶。就像M系列的汽车一样，M 1000 RR是针对那些对性能、独特性和个性有特别高要求的客户设计的——因此，一系列针对发动机、底盘、悬架和制动系统的升级显著提高了车辆的赛道水平。

新的锻造双环活塞、钛合金连杆、抛光进气口和13.5∶1的压缩比，让RR上的4缸发动机大幅度赛道化。在将安全转速范围扩展到15100r/min后，这台1L排量的动力单元在14500r/min时产生不少于212hp的动力，在6000r/min以上就超过了RR的性能。底盘仍然使用了常规的铝制材料（尽管宝马公司此前已经开发出碳纤维框架），但几何形状是摩托赛车的标准，具有制动抗前倾控制功能，以最大化骑手与车轮之间的反馈。车轮本身是碳纤维材质，强大的制动系统带有M品牌标识。

特别令人印象深刻的是，先进的空气动力学和美学设计之间的清晰互动，创造出一台既时尚又引人注目、同时在赛道上也非常高效的机器。每个侧翼的双翼尖可以产生下压力：这有助于制动和加速。加速阶段能产生更快的圈速。在制动时，更多负载施加到前轮以改善制

M 1000 RR使其专业赛道性能更进一步。这款基于量产车的发动机采用了特殊材料，以1000mL的排量就能在14500r/min时爆发出212hp的惊人动力，而以比赛为灵感的底盘、制动系统和流线型外形有助于优化下压力和抓地力，以实现更短的赛道单圈时间

动性能，而下压力有助于保持前轮接地并增加后轮胎载荷。这反过来提高了牵引力，并且因此减少了牵引力控制系统干预，从而允许将最大功率转移到道路上更长时间。

事实上，即使在街道版本上，M的出色性能也让这款摩托车令最挑剔的摩托爱好者眼前一亮并立刻骑出去，毕竟它的重量只有192kg，而加速到100km/h仅用时3s多一点，并可持续加速到300km/h以上。

无论是赛道还是公共道路上，电子系统在增强 M 1000 RR 的性能和适应骑手的特性方面起着重要作用，正如 M 系列四轮车型那样。通过最新的牵引力控制、车轮控制功能和6轴传感器配合，M 1000 RR 提供了至少7种骑行模式：湿滑、公路、运动、赛道以及赛道专业级1~3。甚至还有一个维修区速度限制器和一个大型的 6.5in TFT 仪表屏幕可以显示圈速和分段时间。

与 M 系列四轮车型类似，M 1000 RR 也有雷霆版车型，该车型多了一个增加了更多的碳纤维和铣削铝材质的 M 竞赛套件、一个更轻的摇臂以及免维护的 M 耐久传动链。如果不受规则限制、能完全自由发挥的话，宝马 M 工程师肯定会让 M 1000 RR 具备更高的性能，但世界超级摩托车比赛规定赛车的街道版本售价不能超过4万欧元，显然，宝马 M 摩托车很难做到。

M部门通过在2020年发布的M 1000 RR开始将业务范围扩大至摩托车领域

宝马首席执行官奥利弗·齐普策（Oliver Zipse）在2020年的一次线上演讲中介绍了概念i4原型车。第二年，他向股东透露，该公司还将推出一款M-performance版，以补充纯电跨界车产品线，这使i4成为第一款受到宝马M部门关注的电动车型

展望未来

宝马M部门没有忽视国际机构和越来越多的全球汽车买家对内燃机爱意的消退，而内燃机正是宝马M业务模式的核心，并且是每款车型吸引力的关键。《巴黎气候协定》现在已被地球上几乎每个国家批准，超过一百个国家承诺到2050年实现净零碳排放目标，而且许多市场已经宣布甚至在2030年禁止汽油和柴油发动机汽车。这难道不是对宝马M生产的所有东西构成生存威胁吗？

在世纪之交的一张贺卡上，画着蜿蜒的山路从一个危险的发夹弯到另一个危险的发夹弯，穿过高耸的山口；卡片里面的话是"如果不能转弯，道路的拐角就是终点"。根据过去半个世纪的证据，宝马M工程师们证明了自己在面对他们行程中出现的各种看似可怕的转弯时，是多么擅长：不顾来自M粉丝群体的反对意见而迁移到涡轮增压发动机；说服爱好者自动变速器可以比手动变速器带来更大的驾驶满足感；证明四驱不仅可以提高安全性，还可以增加乐趣。

显然，M部门的首席执行官马库斯·弗拉什并没有任何幻想，摆脱汽车爱好者对汽油的依赖比说服忠实客户相信一种传动系统优于另一种要困难得多。但他仍然无所畏惧，以近乎平静的信心面对即将到来的威胁，并且受到宝马集团已经在电气化、电池技术和所有相关电子控制系统开发方面处于领先地位这一独特优势的鼓舞。毕竟，宝马是第一家推出专用电动汽车i3和插电式混合动力超级跑车i8的汽车制造商——尽管不是由M部门直接开发的，却是真正的开拓者。

尽管有如此多的电动化技术储备，但到目前为止，还没有任何M量产车将混合动力或电动化元素纳入其中；驾驶体验的纯粹性是首要考虑因素，而混合动力似乎还不足以满足这一需求。然而，弗拉什表示，M工程师们已经着手研究，"在M部门，我们把电动化视为一种机会，并且正在探索插电式和电池驱动技术，而且我们主要看到的是全轮驱动配置。但我们并没有关注更简单的技术，比如附加的电动后轴。"

相反，弗拉什澄清说，已经有电动车型在开发中。他很快指出巨大的潜在优势将确保未来的电动M车型始终忠于M部门的黄金法则——继任车型必须始终优于其前任车型。但他的肯定背后有一个明确的信息：M不会像其他几家制造商那样走同样的道路。这些制造商在21世纪20年代推出的电动汽车具有巨大的动力数据以获得能够上头条新闻的直线加速，但是牺牲了轻量化和操控敏捷性。

"是的，当然有加速，并且这很容易，"弗拉什说，"但这不是 M 车型所需的唯一属性。动力提升确实很有趣，但我认为电气化将为 M 在横向动态、驾驶动态、动能回收、制动和底盘控制方面提供更多的差异化潜力。这是我们将做出区别的地方。"

对于 M，他强调，出色的表现从来不仅仅是直线性能的问题，整体性格、整体动态必须更优秀才是关键。在这里，转向电力驱动无疑会有所帮助，转矩矢量技术可以为底盘控制增加一个全新的维度，并且弗拉什本人承认，在制动和再生策略所打开的动态可能性方面，"还有太多尚未探索"。

这是否意味着全电动 M 车型将出现？"绝对是的，"弗拉什毫不犹豫地回答，"我们已经在着手进行这项工作了，这只是一个时间问题，而不是一个假设的问题。目前我们的车型阵容非常棒：我们的车型表现非常好，很受欢迎而且销量也不错，所以我们不需要为了赶时髦而匆忙选择一种新技术。但我们一直在关注并推动发展，并且等待着合适的时间。所以是的，我确实看到了一款全电动 M 车，问题只是何时。"

但是，当涉及具体细节时，M 部门的首席执行官显然更不愿意透露。这款看起来像原始 M1 和 2013 年 i8 的混合体的 2019 年 Vision M Next 超跑概念车被许多人视为自标志性 M1 以来的第一款独立 M 车型的可能性。然而，弗拉什反驳说，它只是一个概念车，为未来 M 汽车的设计提供了一些想法，包括一些细节。"但总的来说，它仍然是一款概念车，并没有与我们计划中的任何衍生产品有密切联系。"他坚定地表示。

欢迎来到新的电动时代：M部门的标志性技术一直是超精密的内燃机，但它也为未来的超级运动电动汽车做好了高性能的准备

个性化的宝马

在这里，个性化和定制工艺让性能和限量版艺术品相遇

与宝马M运营共享设施的是BMW Individual，专门为挑剔的客户打造定制的手工内饰和特殊的外部处理

要了解宝马 M 在格拉茨工厂的这项活动的重要性，只需看看它的德文标题——BMW Individual Manufaktur。最后一个词传达了手工制作或个性化设计、配置和装饰的概念。当该部门于 1992 年成立时，市场对普通生产汽车进行定制升级的需求非常有限，每个品牌名称下的选择范围如此狭窄以至于毫无意义。但这一切都在过去的三十年里发生了变化。今天，在每家制造商的价格单上都有非常多的出厂选项，以至于每一款车型系列中几乎没有任何两辆离开工厂的车在各个方面都完全相同。

宝马在 2001 年引领了这一趋势，并且以一种大范围的方式普及了它，当时 MINI 成为第一辆可以由每个买家个性化定制的小型汽车。

然而，对于一些客户来说，这种大幅扩展的漆面、内饰、轮毂设计、图形和装饰主题选项范围仍然不足以提供所需的个性化水平。对他们而言，宝马个人服务可以开发一款真正量身定制的车辆，重新定义独一无二的车。没有什么是不能做的，除了可能影响汽车结构或安全性的更改。

客户喜欢展示个性的区域主要集中在定制面料和装饰材料、木制和碳纤维内饰面板以及特殊油漆饰面，包括创新的哑光、半哑光和阴险的"隐形"Vantablack 涂层，这些涂层吸收光线，在某些条件下使汽车几乎不可见。X5M 和 X6M 车型系列的"冰冻"油漆饰面特别受到客户的欢迎。

"宝马个性化定制是传统的高性能附加业务，"宝马集团首席执行官马克·弗兰克表示，"它正在增长，并且我们预计未来会更快地增长。它将发挥更大的作用，我们在过去做了很多有趣的事情，现在与纽约的一位艺术家合作。这也会越来越多。"

这些艺术合作代表了宝马个性化部门向前迈出的重要一步。首先，它们标志着与过去著名的宝马艺术车的象征性联系；其次，它们不是为博物馆或私人收藏而设计的一次性产品——相反，它们是大规模生产（尽管仍然有限）系列的一部分，并可以由任何客户购买。第一个出现于 2020 年初的是全黑 M2 雷霆版，

由纽约艺术家 Futura 2000 和宝马个性化部门共同开发。

特别是这些汽车的前保险杠、侧裙和内饰碳纤维面板均由艺术家手工绘制，因此确保每辆汽车都不完全相同。

作为2020年晚些时候的后续作品，全新的2021款 M4 也接受了 Individual 艺术处理，再次借鉴美国街头文化，M4 雷霆版 x Kith 是宝马和纽约设计师罗恩·菲尔格（Ronnie Fieg）及其 Kith 品牌之间的密切合作。三种不同的哑光"冰冻"色调可供选择，限量版 150 台包括碳纤维装饰件，如进气口和扰流板等外部特征，以及车头上的重新设计的 Kith-BMW 徽标，还有灰色 Kith 字母编织在车顶表面的碳纤维顶篷。

"与时尚设计师罗恩·菲尔格和 Kith 的合作，为宝马 M 系列提供了将原始的宝马 M3 与我们第六代标志性车型系列的新宝马 M4 雷霆版轿跑车联系起来的机会。"马库斯·弗拉什说，"当代时装界正在从一种文化现象转变为全球生活方式态度，为许多不同的领域带来新的、非常独特的专属品牌。"

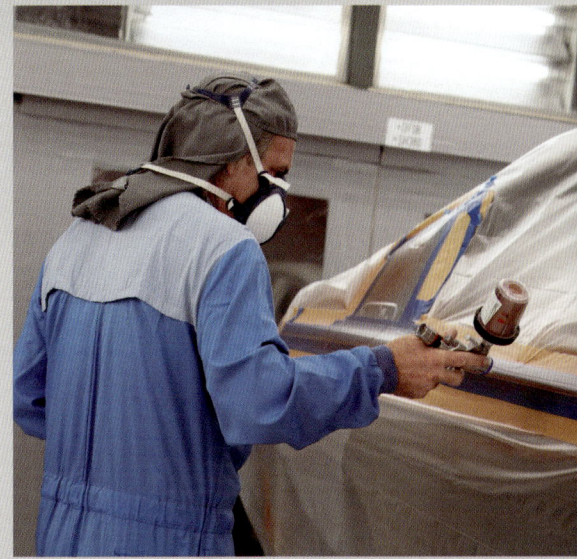

▼ 艺术家Futura2000，他之前的名字是伦纳德·希尔顿·麦格尔（Leonard Hilton McGurr），正在制作他的限量版M2 CS

▶ 2020年2月，派拉蒙公司好莱坞的电影工作室，艺术家和M部门CEO马库斯·弗拉什在限量版M2 CS的Futura 2000特别版发布会上

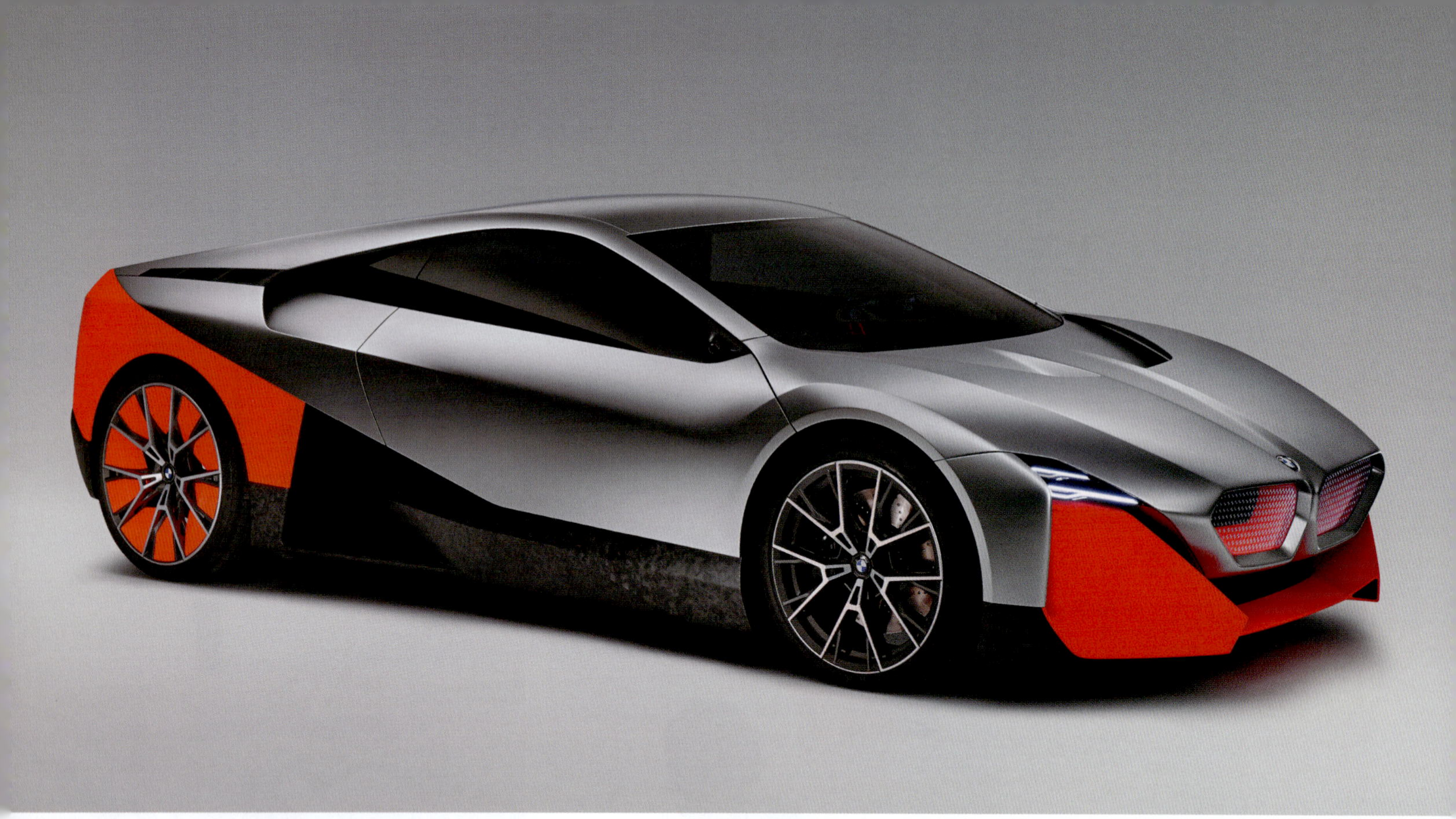

iVision M Next：2019年推出的插电式混合动力超级跑车概念车的灵感来自20世纪70年代的量产M1。但M部门首席执行官弗拉什表示该车并不会成为新的独立的量产M车型

灵活的架构让M车型买家有丰富的选择

另一方面，宝马的主要车型系列及其可能产生的M车型的清晰度要好得多。许多主要的车型已经包括插电式混合动力版本，并且不久将由具有相同架构的完全电动版补充——电池驱动的2020年iX3 SUV就是一个很好的例子，预计3系、5系和7系也将很快跟进。秘诀在于灵活的CLAR平台，它允许宝马提供其广受赞誉的选择"权利"，即在关键品牌上提供汽油、柴油、插电式混合动力或纯电力传动系统。

未来M系列的主力车型——M3、M4和M5是否可能提供插电式混合动力或纯电驱动的选择，仍然有待猜测。但M部门的当务之急很可能是推出全新的车型，这些车型预示着宝马集团品牌对电动汽车市场的全面进军以及与特斯拉的激烈竞争。如果要使电动化成为M宇宙中的可选项，那么这些新电动代表车型的高调高性能版本将是至关重要的。

对于2022款车型，宝马将推出i4，这是一款主流的电动跨界车，旨在与特斯拉Model 3竞争。据宝马称，"标准"的i4已经配备了超过500hp的动力，弗拉什确认了M性能版本正在开发中——尽管他拒绝透露它是否会获得完整的M标识或被标记为i4M。在发布清单上比i4稍早的是更大的、更未来的iX，它将配备先进的技术，包括自动驾驶功能。由于具有双电机和足够的空间容纳大型电池，它有相当大的潜力接受M的改造，尤其是作为动力强劲但也不那么追求时尚的X5M和X6M的环保替代品。

对于许多 M 粉丝来说,所有最紧迫的问题仍然是关于是否会有全新的定制 M 车型——一款长期的、独一无二的、M 专属的车型,不基于任何系列生产的宝马。M1 在每个 M 粉丝的心中都占据着重要的地位,该车型于 1978 年开启了整个神奇的 M 冒险之旅。它是一种独一无二的设计,自那以后就没有类似的东西了。然而,这种小批量项目的经济和物流问题众所周知地棘手,而极端性能机器的概念与 M 部门提供现有型号高性能版本给更广泛客户群的理念背道而驰。

即使如此,弗拉什也透露宝马确实正在"开发"一款 M 专属的新车。"我们正在研究的不是基于标准宝马车型的东西,"他确认,"但我不能说尺寸或细分市场。这将是一个惊喜!"

M 部门于 2022 年 5 月庆祝其成立五十周年,谁会反对 M 工程师在那 50 个精彩年份中以一部戏剧性的新车型来庆祝呢?这部车型将独一无二地代表品牌,并且,正如 M 精神所言,它指明了通往一个激动人心的高科技未来的道路,而不是回顾过去的辉煌,无论这些辉煌有多么伟大⊖。

电动汽车:它们如何满足苛刻的 M 车主?

在技术层面上,任何未来的混合动力或纯电的 M 车型,如果想要扛起 M 品牌的大旗,都将面临相当大的挑战。如果还考虑到能让以苛刻著称的 M 车型驾驶爱好者欣然接受,那可能是一个更大的挑战。

▼ 宝马电动化车型全系,包括量产的掀背车、超级跑车以及踏板摩托车和插电混动行政轿车,宝马乐于将大踏步进入电动化的过程展示出来

⊖ 这是一台由 M4 强化而成的 3.0 CSL,全球限量 50 台,多少有些令人失望。——译者注

面向未来：量产版i4(右)和SUV版iX(下页)将成为下一代纯电车型的的名片。如果宝马想保持其在车辆性能和驾驶乐趣方面的领先地位，那高性能M版本将是必不可少的

要让M车主感到满意，发动机必须响应灵敏、锐利，并发出恰到好处的声浪。无论是自动变速器还是手动变速器，都必须快速准确地换档，并具有令人愉悦的机械感，制动踏板必须提供强大的制动效能以增强高速驾驶的信心和渐进式减速以确保日常驾驶的平顺性。然后还有许多其他参数，这些参数对于M车主来说非常重要，例如转向力度、手感和齿比、侧倾响应、悬架和减振器调校、过度转向和不足转向平衡、加速响应灵敏度等。

任何开过早期电动或混合动力汽车的人都知道，以上这些领域都是电动车型工程师的难题。比如混合动力车型的发动机动力和电动机动力需要在所有速度和所有负载都要精心调校以保证融合平顺，因为清晰的加速响应特性是任何性能车乐趣的关键，尤其是对M车型来说。

更为关键的是制动踏板的感觉和响应。电动汽车融合了动能回收和常规制动系统的制动力，这并不容易，如今的某些电动汽车，在电池荷电量较低时制动力强劲且犀利，但电池满电时制动响应迟缓。这种不一致的制动响应对M车型驾驶员来说是万万不可接受的，因为他们要求汽车对他们的控制输入做到精准且可预测。这样的一致性要求也适用于车辆其他的动态特性。

在宝马M部门的高性能文化中，高动态性能的价值观深入每个设计师和工程师内心，他们也都有着迎接重新定义未来汽车的挑战意识。这包含着重新设定基本价值观的要求，要求重塑未来汽车特性的核心但不能削弱车辆能够提供的驾驶体验，对于M品牌来说这是最重要的品牌特征。

任务艰巨，但对即将到来的零碳时代性能车文化至关重要。如果有人有能力将油车时代的纯粹驾驶乐趣传递给下一代，那么它一定是宝马M部门——如同其过去的五十年的发展轨迹那样，M总是能够巧妙地展示制造非凡驾驶机器的能力。

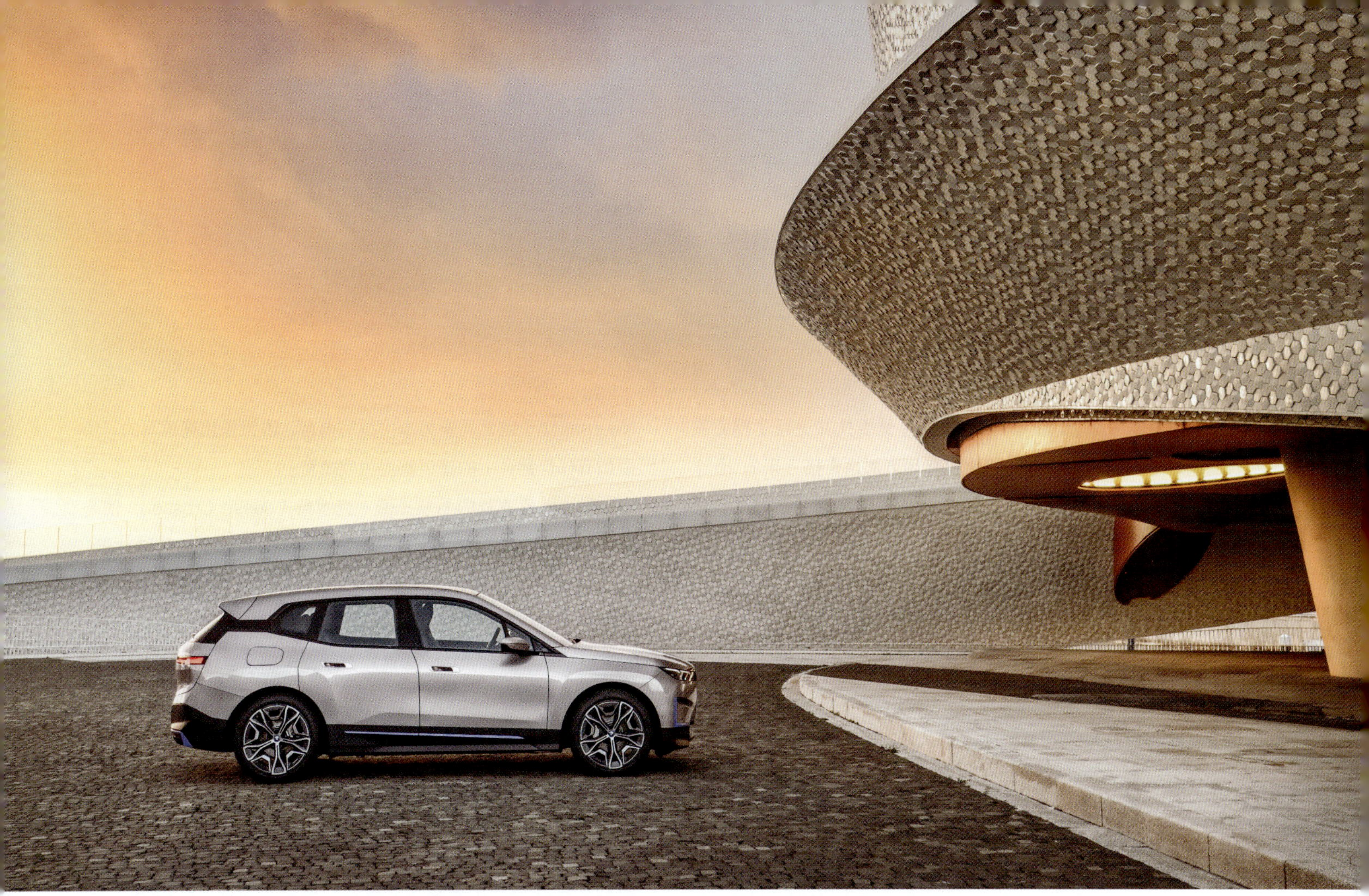

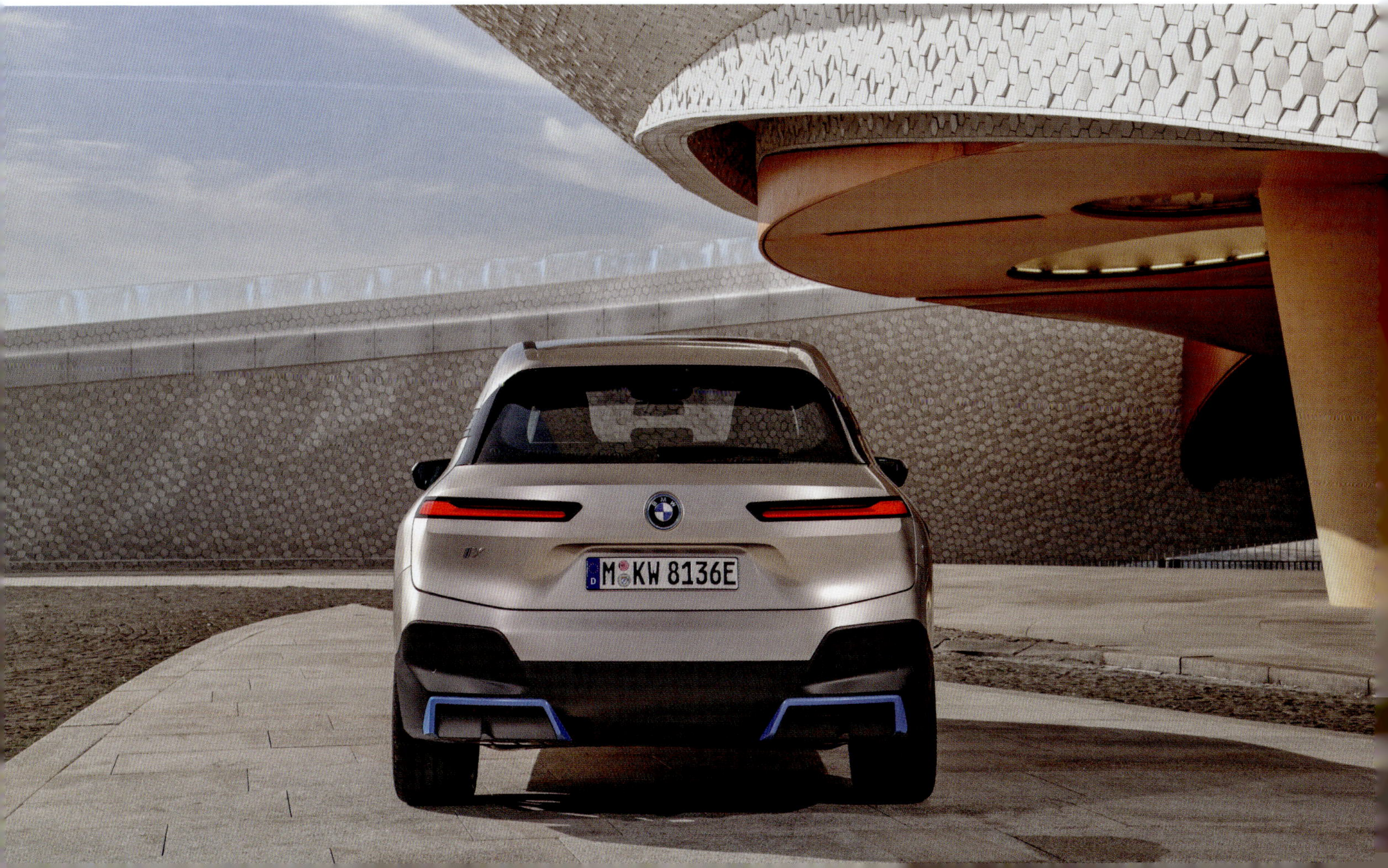
M KW 8136E

致谢

尽管这本书在 2019 年 12 月前就接受委托并进行了精心策划，但这本书制作过程中的其他所有环节都是在接下来的 18 个月里完成的，期间发生了影响每个人生活的全球疫情以及各种长短不同的全面封锁。

对作为作者的我来说，这几乎需要完全改变计划。原本计划前往德国采访宝马 M 部门关键人物的行程被取消，取而代之的是 Zoom 线上会议。对宝马总部和该公司丰富的经典汽车收藏的参观被无限期搁置，而宝马档案馆的众多珍贵资料不得不在线上而非亲自查看。在离我家更近的地方，我的另一项雄心勃勃的计划也化为了泡影：我原计划拜访英国几家专业且规模不断扩大的 M 车型专业维修店，亲自体验和驾驶多款老款 M 车型，以刷新我对它们动态性能和独特路感的印象。但我仍然要向慕尼黑传奇（Munich Legends）和经典英雄（Classic Heroes）这样知识渊博的机构致敬，感谢他们乐于合作——以及他们那永远令人着迷的博客、视频和帖子。

由于我的旅行受到限制，我认为明智的做法是用来自知名汽车杂志的记者同行们的不同观点来补充我自己对过去几十年宝马标志性 M 车型仍然生动的驾驶印象。因此，我要感谢 *Car*、*Top Gear*、*Autocar*、*Evo*、*Motor Sport* 等杂志提供的专业在线资源。网站 www.bmw.registry.com 也是一个非常详尽和实用的资源。

但我最衷心的感谢要献给两位个人和一个大型组织，他们为本书的完成做出了关键贡献。

赛车传奇、M 车系列的灵感之源——约亨·尼尔帕奇（Jochen Neerpasch）欣然同意为本书撰写前言，因为是用德语写的，所以如有任何翻译上的错误都应由我负责。

我也要感谢我的同事杰西·克罗斯（Jesse Crosse），他毫不犹豫地分享了他驾驶自己珍藏的 M3 CSL 的生动驾驶体验。读他的文字，我能体会到跟他书写下这些文字时一样的兴奋，所以再次感谢你，杰西。

至于那个大型组织，显然就是宝马集团本身，特别是像英国的马丁·哈里森（Martin Harrison）这样勤奋的公关协调人——尤其感谢他在整理自 20 世纪 70 年代以来官方 M 系列汽车产量数据方面的出色工作。我还应该提到宝马集团经典赛车运动部门以及宝马集团创新与设计传播部门。同样，也要感谢那些抽出时间接受我线上采访的宝马高级管理人员，以及宝马集团档案馆不知疲倦、极有耐心的露丝·斯坦德福斯（Ruth Standfuss），她帮忙找到了书中使用的许多早期图片，其中一些是我从未见过的。

对于我为之撰稿的其他客户和机构，我应该为我一定发送过多次的"抱歉，太忙了，正在完成一本书"的电子邮件回复而道歉。

最后，我必须感谢我的家人的耐心和宽容，感谢他们对我多次长时间地躲在关于 M 系列汽车世界的写作过程的包容，尽管那对我来说非常引人入胜。

——托尼·卢因 2021 年 3 月

参考文献

来源

Arron, Simon and Mark Hughes. *The Complete Book of Formula 1*. St. Paul, MN: Motorbooks, 2003.

Katalog der Automobil-Revue, 1989–2013. FMM Fachmedien Mobil AG, Bern.

Tony Lewin. *The BMW Century: The Ultimate Performance Machines*. Minneapolis, MN: Motorbooks, 2016.

———. *The Complete Book of BMW: Every Model since 1950*. St. Paul, MN: Motorbooks, 2004.

Mönnich, Horst. *The BMW Story: A Company in Its Time*. Translated by Anthony Bastow and William Henson. London: Sidgwick & Jackson, 1991.

Taylor, James. *BMW M3: The Complete Story*. Ramsbury, Marlborough: The Crowood Press, 2014.

参考材料

Auto, motor und sport
www.auto-motor-und-sport.de

Autocar magazine
www.autocar.co.uk

Automobil Revue
www.automobilrevue.ch

BMW M1 club
www.bmw-m1-club.de

Car magazine
www.carmagazine.co.uk

Evo magazine
www.evo.co.uk

Motor Sport magazine
www.motorsportmagazine.com

Race Engine Technology magazine
www.highpowermedia.com

Racecar Engineering magazine
www.racecar-engineering.com

Top Gear magazine
www.topgear.com

www.bmwblog.com

www.bmw.registry.com

www.ultimatespecs.com

www.automobile-catalog.com

www.bmwgroup.com

www.bmwgroup-classic.com

www.historischesarchiv.bmw.de

数据表信息来源

车型和发动机代号：
宝马内部使用的名称。

年度产量：
这些数据由宝马直接提供，因此它们包含了上市之前生产的早期产品。

产量：
由德国宝马提供的官方数据。

起售价格：
对于1999年之前在德国或英国的车型，根据当时上市的大概价格转换为欧元（汇率按照1欧元=1.9558德国马克或1欧元=0.83英镑换算）。对于当前的车型则按照德国售价给出。

最大功率、转矩：
宝马提供的官方数据。

性能数据：
宝马厂方的官方数据，或者来自独立专业杂志的路试结果。

净车重：
官方数据或最接近的估计（没有官方数据时）。注意：测量方法发生了变化，因此早期数据与最近的数据可能没有可比性。

最高车速：
2010年前后的M车型可选装M驾驶员包，从而取消250km/h的速度限制，因此也引用了第二个数据。

索引

符号

1 M轿跑车(E82), 127–129, 138, 148
3.0 CSL (E9), 6, 10, 30–31, 33–34, 43, 60, 184–185
315/1 Roadster, 22
318iS (E36), 190
320i, 33, 34
325ti Compact, 190
328 Roadster, 11, 19, 20, 21, 22
507 Roadster, 22, 192
528i, 34
540i, 74, 85
635CSi, 33, 34
7系, 17, 34, 39, 66, 104, 153, 187, 216
700, 23
850 CSi, 39, 66–67, 69
1800 Ti, 24
1800 TiSA (Type 118), 24, 29
2000ti, 24
2000tii (Type 114/E10), 25
2002tii, 25–26, 29, 148
2002 Turbo (M114/E20), 14–15, 27–28, 29, 33, 203

A

埃伯哈德·冯·库恩海姆, 17, 21, 32, 54, 75
埃尔维·普兰, 6
Alpenpokal (1929), 21
安迪·沃霍尔, 44–45
阿希姆·瓦姆博尔德, 33

B

保罗·布雷克, 47, 58, 104
保罗·哈恩曼, 32
保罗·罗斯切, 17, 21, 23, 24, 26, 35, 37, 38, 39, 47, 48, 67
宝马个性化定制服务, 214–215
宝马赛车运动有限公司, 6–7, 10, 33, 34, 39, 47, 53, 54, 62, 63, 67, 72, 75. See also M GmbH.
彼得·罗宾逊, 54
彼得·索伯, 41
比约恩·沃德加德, 33
伯恩德·皮舍茨里德, 114
伯尼·埃克莱斯顿, 38
布卡德·博文西彭, 23

C

车型数据
    1M 双门轿跑车 (E82), 138
    3.0 CSL (E9), 43
    850 CSi (E31), 69
    1800 TiSA (Type 118), 29
    2002tii (Type Type 114/E10), 29
    2002 Turbo (M114/E20), 29
    M Coupé (E36/8), 87

M Roadster (E36/7), 87
M1 (E26), 55
M2 (F87), 158
M2 (F87) CS, 158
M3 (E30), 69
M3 (E30) Evolution II, 69
M3 (E30) Sport Evolution, 69
M3 (E36), 86
M3 (E46), 110
M3 (E46) CSL, 110
M3 (E90/92/93), 111
M3 (F80), 139
M3 (G80), 159
M4 (F82), 139
M4 (G80), 159
M5 (E28), 68
M5 (E34), 86
M5 (E39), 87
M5 (E60/61), 111
M5 (F10), 138
M5 (F90), 158
M6 (F06) Gran Coupé, 168
M6 (F12) 轿跑车, 168
M6 (E63/64), 111
M6 (M635i), 68
M8 (F91-92), 169
M8 (F93) Gran Coupé, 169
M535i (E28), 68
M635i (M6), 68
迈凯伦 F1, 43
X3M (F97), 182
X4M (F98), 183
X5M (E70), 123
X5M (F85), 182
X5M (F95), 183
X6M (E71), 123
X6M (F86), 182
X6M (F96), 183
Z4M (E85) 敞篷车, 110
Z4M (E86) Coupé, 110
川本信彦, 142
Concept 8概念车, 165
CSL 3.0 (E9), 6, 10, 30–31, 33–34, 43, 60, 184–185
CSL M3 (E46), 90, 94–95, 96, 110

D

电子阻尼控制EDC, 107
迪特尔·奎斯特, 26, 33
Dixi, 21–22
动态稳定控制系统(DSC), 84, 99, 128, 131, 151, 175
陡坡缓降控制系统, 115

E

E24 (M635i/M6), 68, 189
E26 (M1), 7, 12, 33, 44–45, 46–47, 47–51, 52–54, 55, 192
E28 (M5), 61–62, 66, 68, 126, 162, 189, 196, 209

E30 (M3 Evolution II), 66, 69
E30 (M3 Sport Evolution), 66, 69
E30 (M3), 8–9, 10, 12, 56–57, 62, 63–66, 69, 124–125, 126, 127, 148, 162, 189, 198
E31 (M8 850CSi), 39, 66–67
E34 (M5 Touring), 72, 73
E34 (M5), 70–71, 72–74, 86, 90
E36 (318iS), 190
E36 (M3 敞篷版), 76
E36 (M3 GT), 77, 79
E36 (M3 GT3), 6, 193
E36 (M3 轻量级), 79
E36 (M3), 75–79, 86, 124–125, 198
E36/7 (Z3M 敞篷车), 80–82, 87, 198
E36/8 (M Coupé), 81–82, 87
E39 (M5), 82–85, 87, 197, 198
E46 (M3 CSL), 90, 94–95, 96, 110
E46 (M3 GTR), 92, 94
E46 (M3 GTS), 108
E46 (M3), 13, 88–89, 91–94, 102, 110, 124–125, 197, 198
E60/61 (M5 旅行版), 100
E60/61 (M5), 79, 97–100, 111, 162
E63/64 (M6 敞篷版), 104–105, 111, 164
E63/64 (M6 双门轿跑车), 104, 111
E63/64 (M6雷霆版), 105
E70 (X5M), 13, 115–116, 117–122, 123, 208–209
E82 (1 M 轿跑车), 127–129, 138, 148
E85 (Z4M 轿跑车), 101, 102, 110
E89 (Z4), 102
E9 (3.0 CSL), 6, 10, 30–31, 33–34, 43, 60, 184–185
E90 (M3 敞篷版), 109
E90 (M3 轿跑概念车), 107
E90 (M3), 102, 106–109, 111, 124–125, 128, 131
E91 (M3 轿跑车), 106, 107
E92 (M3 轿跑车), 106, 107, 111
E93 (M3 敞篷版), 106–107, 111
恩斯特·亨内, 19

F

F06 (M6 Gran Coupé), 164, 168
F10 (M5), 130–132, 138, 164
F12/13 (M6 雷霆版), 164
F12/13 (M6 轿跑车), 162–164, 168
F1车队冠军 (1983), 17
F1车队冠军 (2000), 40
F1车队冠军(2003), 40
F1世界冠军(1983), 10, 16–17, 23, 34, 58, 184–185
F1项目, 34–37, 39–41, 48, 50, 142, 184–185
F80 (M3), 133–135, 139
F82 (M4 Competition Sport), 136
F82 (M4 雷霆版), 136
F82 (M4 轿跑车), 133–135
F82 (M4 GTS), 136–137
F82 (M4), 124–125, 133–137, 139

索引

F83 (M4 敞篷版), 133–135, 153
F85 (X5M), 170–171, 172–174, 182
F86 (X6M), 170–171, 172–174, 182
F87 (M2 CS Racing), 200
F87 (M2 CS), 149, 158, 200, 214–215
F87 (M2), 140–141, 148–151, 158, 196, 209
F90 (M5 35周年纪念版), 147
F90 (M5 雷霆版), 145, 146, 147
F90 (M5), 142, 143–147, 156, 158
F91/93 (M8 敞篷版), 167
F91/93 (M8 Gran Coupé Concept), 165
F91/93 (M8 Gran Coupé), 149, 167, 169
F91/93 (M8 轿跑车), 160–161, 165–167, 169, 196
F95 (X5M 雷霆版), 178
F95 (X5M), 178–181, 183
F95 (X6M), 13, 112–113, 116, 117–122, 123, 208, 209
F96 (X6M 雷霆版), 178
F96 (X6M), 178–181, 183
F97 (X3M 雷霆版), 175
F97 (X3M), 174–177, 182, 209
F98 (X4M 雷霆版), 175
F98 (X4M), 174–177, 183, 209
发动机
    航空发动机, 18
    M10, 23–25, 29, 34–35, 63
    M12/13, 16, 35, 37
    M30, 43, 61, 68
    M30B34, 68
    M88/3, 58, 68
    M88/S38, 68
    P80, 40
    P84/85, 40
    P86, 40
    S14B23, 69
    S14B25, 69
    S33B44, 123
    S38, 73
    S38B36, 86
    S50B30, 86
    S50B32, 86, 87
    S54B32, 95, 110
    S55B30TO, 139, 158
    S58B30TO, 159, 182, 183
    S62, 84, 85, 87
    S63B44, 118, 131, 138, 168, 158, 169, 173, 182, 183
    S65B40, 106, 111
    S70/2, 39, 43
    S70B56, 69
    S85B50, 98, 111
    S88, 55
冯·法尔肯豪森, 21, 22, 23, 24, 26, 27
弗兰克·范梅尔, 146
弗兰克·斯蒂文森, 115
弗兰克·威廉姆斯爵士, 41
弗兰克·泽诺·迪默, 18
Futura 2000, 214–215

G

G80 (M3 旅行版), 153, 156
G80 (M3), 12, 150, 152–156, 159
G80 (M4 轿跑车), 152–156
G80 (M4), 150, 152–156, 159
G82 (M4 雷霆版x Kith), 215
G82 (M4), 12, 13
戈登·克鲁克山科, 65
戈登·穆雷, 17, 38–39
格哈德·威尔克, 32

H

海报, 18–19
海德·帕特里克, 41
哈拉尔德·格罗斯, 7
哈拉尔德·匡特, 23
航空发动机, 18
汉斯·约阿希姆·斯达克, 33, 96
赫伯特·匡特, 23
胡安·帕布罗·蒙托亚, 40, 41
徽标, 19

I

i4, 194–195, 199, 202, 216, 218
i4概念车, 152, 153, 212
i8, 47, 55, 184–185, 191, 192, 203, 212, 213
iVision Dynamics, 206–207
iVision M Next, 202, 216
iX, 200, 202, 216, 219
iX3, 216

J

杰克·埃克斯, 23
杰瑞米·瓦尔顿, 53

K

克雷格·卡铂, 179
柯林·特金顿, 11
科里斯·阿蒙, 33
克里斯·班戈, 75, 97, 100, 104, 153, 162, 197

L

拉尔夫·舒马赫, 40, 41
兰·罗伯逊, 126
蓝色英雄艺术装置, 7
拉乌诺·艾尔顿尼, 24
勒芒 (1938), 22
勒芒 (1939), 11
勒芒 (1979), 44–45
勒芒 (1993), 34
勒芒 (1995), 39
勒芒 (2018), 165
勒芒(1940), 22
勒芒(1999), 11, 34, 39
里卡多·帕特雷塞, 16
路虎, 114–115

罗伯特·卢茨 "鲍伯" 6, 32, 47
罗恩·丹尼斯, 38
罗恩·菲尔格, 215
罗孚集团, 114

M

M 1000 RR 雷霆版, 211
M 1000 RR, 12, 210–211
M 敞篷车 (E36/7), 80, 87
M Compact, 79
M 轿跑车 (E36/8), 81–82, 87
M 限滑差速器, 92, 110, 128
M1 (E26), 7, 12, 33, 44–45, 46–47, 47–51, 52–54, 55, 192
M2 (F87) CS Racing, 200
M2 (F87) CS, 149, 158, 200, 214–215
M2 (F87), 140–141, 148–151, 158, 196, 209
M3 (E30) Evolution II, 66, 69
M3 (E30) Sport Evolution, 66, 69
M3 (E30), 8–9, 10, 12, 56–57, 62, 63–66, 69, 124–125, 126, 127, 148, 162, 189, 198
M3 (E36) GT, 77, 79
M3 (E36) GT3, 6, 193
M3 (E36), 75–79, 86, 124–125, 198
M3 (E36)敞篷版, 76
M3 (E36)轻量级, 79
M3 (E46) CSL, 90, 94–95, 96, 110
M3 (E46) GTR, 92, 94
M3 (E46) GTS, 108
M3 (E46), 13, 88–89, 91–94, 102, 110, 124–125, 197, 198
M3 (E90) 敞篷版, 109
M3 (E90) 轿跑概念车, 107
M3 (E90), 102, 106–109, 111, 124–125, 128, 131
M3 (E91) 旅行版, 106, 107
M3 (E92) 轿跑车, 106, 107, 111
M3 (E93) 敞篷版, 106–107, 111
M3 (F80), 133–135, 139
M3 (G80) 旅行车, 153, 156
M3 (G80), 12, 150, 152–156, 159
M30 发动机, 43, 61, 68
M30B34 发动机, 68
M4 (F82) Competition Sport, 136
M4 (F82) GTS, 136–137
M4 (F82) 轿跑车, 133–135
M4 (F82) 雷霆版, 136
M4 (F82), 124–125, 133–137, 139
M4 (F83) 敞篷版, 133–135, 153
M4 (G80) 轿跑车, 152–156
M4 (G80), 150, 152–156, 159
M4 (G82) 雷霆版x Kith, 215
M4 (G82), 12, 13
M5 (E28), 61–62, 66, 68, 126, 162, 189, 196, 209
M5 (E34) 旅行版, 72, 73
M5 (E34), 70–71, 72–74, 86, 90
M5 (E39), 82–85, 87, 197, 198
M5 (E60/61) 旅行版, 100
M5 (E60/61), 79, 97–100, 111, 162

M5 (F10), 130–132, 138, 164
M5 (F90) 35周年纪念版, 147
M5 (F90) 雷霆版, 145, 146, 147
M5 (F90), 142, 143–147, 156, 158
M6 (E63/64) 敞篷版, 104–105, 111, 164
M6 (E63/64) Competition Edition Coupé, 105
M6 (E63/64) 轿跑车, 104, 111
M6 (F06) Gran Coupé, 164, 168
M6 (F12/13) 雷霆版, 164
M6 (F12/13) 轿跑车, 162–164, 168
M6 (M635CSi), 34, 58–60, 68, 162, 189
M8 (E31) 850CSi 原型车, 39
M8 (E31) 850CSi, 66–67
M8 (F91/93) 敞篷版, 167
M8 (F91/93) Gran Coupé 概念车, 165
M8 (F91/93) Gran Coupé, 149, 167, 169
M8 (F91/93) 轿跑车, 160–161, 165–167, 169, 196
M8 GTE, 165
M10 发动机, 23–25, 29, 34–35, 63
M12/13 发动机, 16, 35, 37
M114/E20 (2002 Turbo), 14–15, 27–28, 29, 33, 203
M135i Gran Coupé, 187
M135i, 186, 187, 189, 190, 208, 209
M535i xDrive, 60–61, 62, 68, 143, 188–189, 208
M550i xDrive, 143, 186
M635CSi (M6), 34, 58–60, 68, 162, 189, 208
M635CSi (M6), 34, 58–60, 68, 162, 189, 208
M635i/M6 (E24), 68, 189
M760Li, 187, 188
M760Li, 187, 188
M850i xDrive, 165
M88/3 发动机, 58, 68
M88/S38 发动机, 68
马丁·布劳恩加特, 33, 47, 48
迈凯伦F1, 34, 38–39, 40, 43, 67, 79, 99
迈克尔·斯库利, 203
麦克斯·莫利斯, 48
马克·吉尼, 41
马克斯·弗里茨, 18, 19
马库斯·弗拉伊, 12–13, 149, 156, 208, 209, 212–213, 214, 215, 216, 217
马库斯·施拉姆s, 12
马库斯·西林格, 46, 82, 196, 197, 198, 200, 202–203
马里奥·安德雷蒂, 48
马里奥·蒂森, 40, 41
M-DCT 变速器, 96, 107, 108, 111, 131, 134, 138, 139, 149, 153, 158, 164, 168
美国勒芒大赛, 94
米兰 Touring, 22
Mille Miglia (1938), 22
Mille Miglia (1940), 22
M有限公司, 7, 20, 54, 67, 74, 83, 106, 116, 118, 120, 126, 127, 142, 143, 149, 150, 156, 175, 186, 197, 200, 208, 209, 213,

217, 218. 又见"宝马赛车运动有限公司"

N
Neue Klasse, 23, 25, 32, 184–185, 206–207
尼尔逊·皮奎特, 16, 17, 34, 36, 37, 38, 41, 48
尼基·劳达, 48
诺伯特·雷瑟夫, 126

O
欧洲房车锦标赛 (1963), 23
欧洲房车锦标赛 (1969), 27
欧洲房车锦标赛 (1973), 6, 47

P
P80 发动机, 40
P84/85 发动机, 40
P86 发动机, 40
Procar 系列赛, 6, 7, 48, 49, 53

Q
乔治·克什尔, 179
乔治亚罗, 47–48

R
R32 摩托车, 18, 19

S
S 1000 RR, 210
S14B23 发动机, 69
S14B25 发动机, 69
S33B44 发动机, 123
S38 发动机, 73
S38B36 发动机, 86
S50B30 发动机, 86
S50B32 发动机, 86, 87
S54B32 发动机, 95, 110
S55B30TO 发动机, 139, 158
S58B30TO 发动机, 159, 182, 183
S62 发动机, 84, 85, 87
S63B44 发动机, 118, 131, 138, 168, 158, 169, 173, 182, 183
S65B40 发动机, 106, 111
S70/2 发动机, 39, 43
S70B56 发动机, 69
S85B50 发动机, 98, 111
S88 发动机, 55
世界超级摩托车锦标赛, 210
斯帕赛道, 22, 24, 30–31

T
汤姆·福特, 146
汤姆·赛克斯, 210
图瓦纳·赫兹曼斯, 33
Type 114/E10 (2000tii), 25
Type 118 (1800 TiSA), 24, 29

Type 4 摩托车, 18
Type Ⅲ a 摩托车, 18

V
Vision iNext, 152, 201
Vision M Next, 213

W
威廉·金伯利, 74
威廉姆斯F1车队, 39, 40, 41, 97
沃尔夫冈·雷兹勒, 115

X
X3 M40d, 187
X3 M40i, 187
X3M (F97) 雷霆版, 175
X3M (F97), 174–177, 182
X3M (F97), 175, 176, 209
X4 M40i, 175
X4M (F98) 雷霆版, 175
X4M (F98), 174–177, 183, 209
X5 M50d, 187
X5M (E70), 13, 115–116, 117–122, 123, 208–209
X5M (F85), 170–171, 172–174, 182
X5M (F95) 雷霆版, 178
X5M (F95), 178–181, 183
X6M (E71), 13, 112–113, 116, 117–122, 123, 208, 209
X6M (F86), 170–171, 172–174, 182
X6M (F96) 雷霆版, 178
X6M (F96), 178–181, 183
X7 M50d, 186, 187
休伯特·哈恩, 23, 24
序列式手动变速器 (SMG), 79, 86, 93, 95, 96, 99–100, 105, 110, 111, 131, 162

Y
英国房车锦标赛 (2020), 11
艺术车, 44–45, 214
约亨·尼尔帕奇, 6–7, 32, 33, 47, 48, 53

Z
Z1, 80, 197, 203
Z3M (E36/7)敞篷车, 80–82, 87, 198
Z4 (E89), 102
Z4 GTLM, 41
Z4 M40i, 186, 187
Z4M (E85) 敞篷车, 101, 102, 110
Z4M (E86) Coupé, 100–103, 110
Z8 敞篷车, 192
詹保罗·达拉拉, 53
Zipse, Oliver, 212

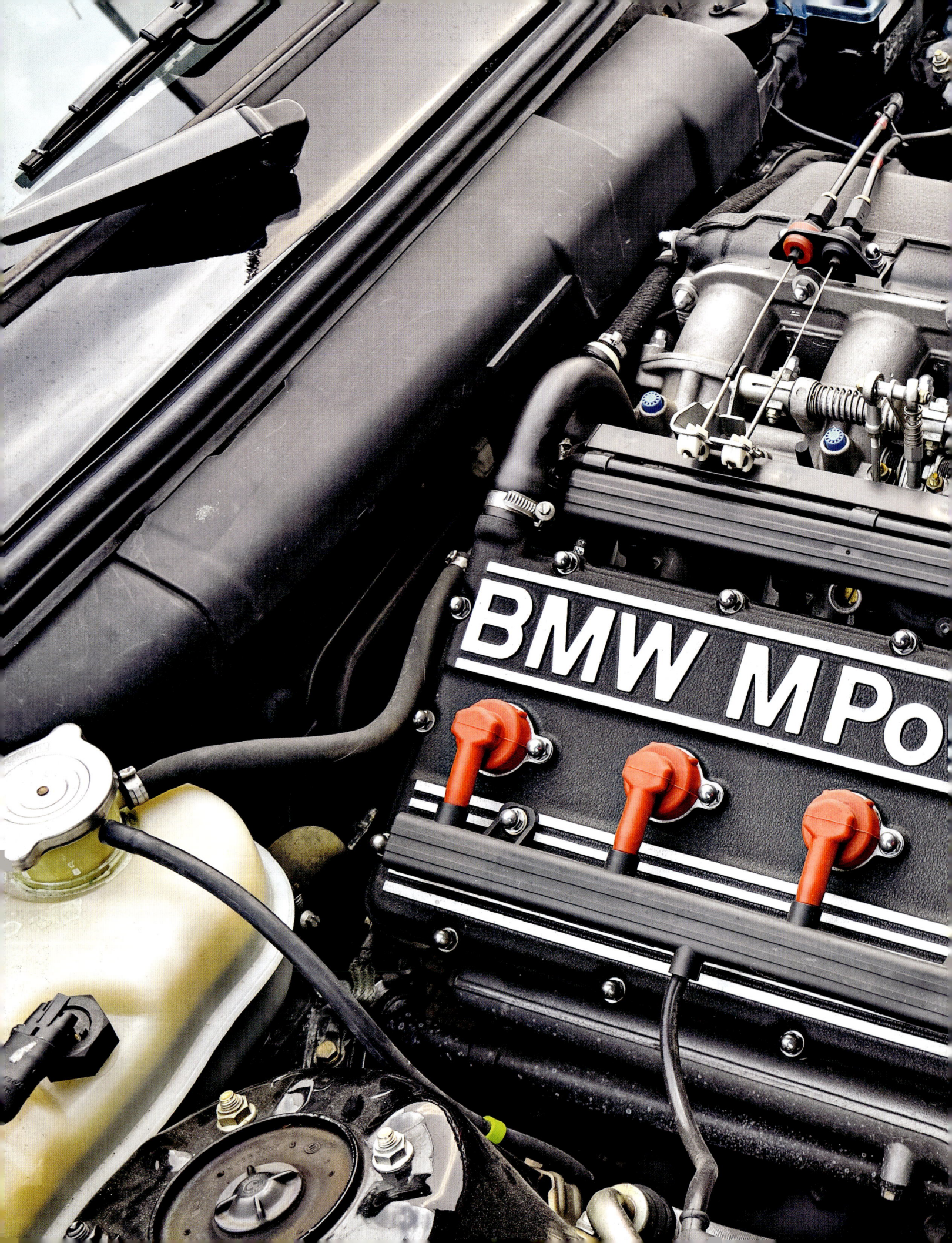